高中地理

图式教学
方法探究

GAOZHONG DILI
TUSHI JIAOXUE
FANGFA TANJIU

罗明军◎著

 经济管理出版社
ECONOMY & MANAGEMENT PUBLISHING HOUSE

图书在版编目（CIP）数据

高中地理图式教学方法探究/罗明军著 . —北京：经济管理出版社，2020. 9
ISBN 978 – 7 – 5096 – 7234 – 1

Ⅰ. ①高…　Ⅱ. ①罗…　Ⅲ. ①中学地理课—教学研究—高中　Ⅳ. ①G633. 552

中国版本图书馆 CIP 数据核字（2020）第 117661 号

组稿编辑：钱雨荷
责任编辑：钱雨荷　梁植睿
责任印制：黄章平
责任校对：陈　颖

出版发行：经济管理出版社
　　　　　（北京市海淀区北蜂窝 8 号中雅大厦 A 座 11 层　100038）
网　　　址：www. E – mp. com. cn
电　　　话：（010）51915602
印　　　刷：三河市延风印装有限公司
经　　　销：新华书店
开　　　本：720mm × 1000mm/16
印　　　张：10. 25
字　　　数：151 千字
版　　　次：2020 年 9 月第 1 版　　2020 年 9 月第 1 次印刷
书　　　号：ISBN 978 – 7 – 5096 – 7234 – 1
定　　　价：48. 00 元

前　言

　　捷克教育家夸美纽斯在《大教学论》中提到："寻求并找出一种教学的方法，使教员因此可以少教，但是学生可以多学。"教学方法是教师传授知识的重要手段。图式是知识在头脑中的存储方式，是人的大脑形成认知的基础。大脑将新信息整合到已有的知识库中，是新图式不断代替旧图式的过程。地理图式就是借助图文符号，将地理现象、原理和规律等构建起来的知识联结，是呈现地理事物表象的最佳载体。在地理教育教学实践中，地理教学最主要的任务就是帮助学生构建地理知识图式，通过图式强化对地理知识的理解，提升地理推理和解决问题的能力。

　　众所周知，图形语言是世界公认的人际交流三大语言工具之一，它以图示、图像的方式传递信息，与自然语言和数学语言相比，在传递空间、环境信息方面具有独特优势。在地理教学中，各种图形语言在表达地理分布和原理等知识方面具有重要作用。图式教学是培养学生地理表象思维的有效方式。培养学生使用图表、视频、符号等理解地理意义的技能，是考量地理教学方法有效性的重要内容。

　　教学方法作为一种理论，是教育学中最困难也是最复杂的领域之一。在新课程改革背景下，以立德树人为根本宗旨、以培养学生学科核心素养为导向的课堂教学中，教学方法的理论与实践研究，具有重要的理论和现实意义。笔者从事高中地理教学 30 余年，从长期的教育教学实践中发现利用图像、图表等图形语言学习，学生更容易搭建知识体系。无论是地理"板书、板图、板画"的"三板"艺术，还是图像、图表等图形语言的运用，图式教学都是长期以来行之有效的教学方法。图式教学以图式的形式进行表象思维，使思维图像化、知识结构化。运用图式教学方法可以帮助学生构建多种类型的图式，更好地掌握地理学习的基本方法和技能，促进学生全面发展。

课程改革引领教学理念的转变，也必然促进地理教学方法的变革。2003年版《普通高中课程方案（实验）》和语文等十五个学科课程标准（实验），指导了十余年来普通高中课程改革的实践，从运用"三板"艺术促进"双基"的培养，到运用图形语言落实"三维目标"，图式教学方法在传承中也不断发生改变。2018年，教育部颁发了《普通高中地理课程标准（2017年版）》，明确了学生学习地理课程后应具备的正确价值观念、必备品格和关键能力，对知识与技能、过程与方法、情感态度与价值观等三维目标进行了整合，认为地理学科核心素养是主要由人地协调观、综合思维、区域认知和地理实践力组成的有机整体。以立德树人为根本宗旨、核心素养为导向的新一轮课程改革正在改变地理的教与学，引领着地理图式教学方法的变革。

如何将图式教学方法更好地传承与发展？如何让学生形成高中地理核心素养的路径更加有效？这些是新一轮课程改革中一线教师更应该关注的问题，也是高中地理图式教学方法再研究的实践价值和意义所在。爱因斯坦曾说过："想象力比知识更重要，因为知识是有限的，而想象力概括着世界上的一切，推动着进步，并且是知识进化的源泉。"然而，当今的地理教学更重视学科基础知识、基本技能的传授，在想象力培育方面存在诸多不足。核心素养导向的教育本质上是灵魂的教育。以充满想象力的方式来传授知识、培育学生学科核心素养，是面向未来的地理教育的本质要求。

本书是广东省教育科学"十三五"规划2019年度中小学教师教育科研能力提升计划项目（强师工程）"核心素养导向的高中地理图式教学方法再研究"（课题编号：2019YQJK125）及龙岗区教育科学"十三五"规划课题"高中'地理+科幻'校本课程开发行动研究"（课题编号：2019103）的研究成果。全书共计六章，第一章为图式教学理论探究，第二章为"双基"理念下的"三板"教学，第三章为指向"三维目标"的高中地理图式教学，第四章为高中地理图式教学方法再研究，第五章为核心素养导向的高中地理图式教学方法，第六章为跨学科融合背景下的大图式教学观。

本书对图式教学理论和图式教学方法进行了理论探究，对从"双基"理念到"三维目标"指向的图式教学方法进行了整理，对核心素养导向的高中地理图式教学方法进行了实践探讨，并提出了跨学科融合教学背景下的大图式教学观。教育的核心是学习。在当今的信息化、全球化社会，教师不能满足于片段性知识与技能的有效传递，而应该成为知识的探究者和终身学习者，从"教的专家"走向"学的专家"。作为从事高中地理教育30余年的基层教师，自身的教学经验若能帮助到他人，将是一件功德无量的事情。学无止境，作为一线教师，更容易陷入一种经验主义的泥潭。限于水平，多有不足，欢迎各位专家指正。

在撰写本书时，笔者正在广西壮族自治区靖西市参加支教活动。东西部教育发展水平不均衡的重要表现之一就是教师发展的不均衡。如何从教学方法方面提炼视域帮助支教地区培养一批立足教育实践、勤于反思的教育教学人才，探索出均衡东西部地区教育水平的一种教师专业发展路径，是本书的一个重要考量。

本书可供一般地理教师及教育工作者借鉴，也可作为培养青年教师及提升教育发展水平相对薄弱地区教师学科教学认知（Pedagogical Content Knowing，PCKg）的参考用书。

罗明军

2020 年 2 月

目　录

第一章　图式教学理论探究

　　教育工作者多有一种理想主义情结，总希望把自己长期教育实践中总结出来的经验传授给学生，不希望学生重复过去的错误，更不希望自己的经验白白地丢弃。学校教育的价值主要靠教学实现。教学是受自然、社会以及思维规律共同影响的一种实践活动，而且是教师和学生之间的一个不断互动的过程。这种互动的本质是一种师生对话形式。在对话过程中，不断修正教师的认知框架，不断建构意义框架，从而形成每个个体的认知图式。这些认知图式是教师进行教学实践的基础。当我们对某一事物形成了一个整体认知时，不是学习的终结，而是进一步丰富和完善自己认知活动的开始。旧的认知图式不断被新的认知图式扬弃的过程，就是我们对教育认识不断深化的过程。从教育人种学的视角来看，处于教育教学最前沿的一线教师，从事的教育教学方法是多维的，既有基于逻辑的思辨方法，又有基于实例的实证方法，还有用于指导及改进教育实践的行动研究方法，更有基于社会结构及意识形态批判的审判方法。教学的成效在很大程度上取决于教师的教学方法选择。教师自身的教学理论又对教学方法选择产生巨大影响。因此，探究图式教学方法有必要先从图式教学理论谈起。

第一节　教学理论概述

教学理论，顾名思义是关于教学的理论。什么是教学呢？教学最早见之于《尚书·兑命》："教学半。"唐朝经学家孔颖达对此解释为："上学为教，下学者，学习也。言教人乃是益己学之半也。"《礼记·学记》中说："教学相长。"在近代的班级集体授课制度下，教学的语义逐步演变为教授。著名教育家陶行知认为："先生的责任不在教，而在教学，而在教学生学。"现代心理学认为，教学就是使他人坚持学习的艺术，包括提供技能的训练和提供为促进学习而设计的合适的情景、条件或活动。在教育心理学中，对教学这一概念的讨论也偏重于学习和学习者的特征，而不是教学和教师的特征。我国教育界一般认为，教学是由教与学组成的联合词，是教与学两方面的活动。而西方国家一般认为教学是教学实践中的教师教学行为。学生的学是因人而异、千差万别的，教只是影响学的条件之一，学生有时不用教也能学。即使教师有能力教，如果学生缺乏学习的兴趣和动力，教也不一定能导致学。但是，在学校教育的课堂教学环境中，学的行为很大程度上还是由教师教的行为所引起和维持的。那种既要讨论"怎样教才是更有效的"，又要描述学生学的各种各样行为，很大程度上是空泛而不切实际的。因此，本书讨论的教学侧重于教师教的行为，而不是学生学的行为，即侧重教师教学的方法，而不是学生学习的方法。当然，教和学是教育过程的两个方面，彼此有不可分割的联系。

我们的教育对象是一个个活生生的、具有整体生命性的个体。每个人的成长经历、生活环境、学习背景大不相同，也就是说，教师的教育生活其实是要面对和处理具有很大不确定性的教育情景。因此，本书主要讨论的是教师的工作方式，即教师的教学行为。那么，什么样的教师教学行为最能体现教学的本质特征呢？一般认为，教师的所有努力是为了促进学生进步，教师的效能主要体现在学生的发展上。因此，教学就是教师引起、维持或促进学生学习的所有行为。由于教师群体庞大，无法由每一位教师的经验归纳出一种有效的教学行为。依据个体丰富的教学经验，开展实证研究，构成本书研究的视角或基础。

教学理论是关于教学即教师行为的理论，其核心问题是探讨"怎样教才是有效的"。有这样一种假定，即能够对教师教学实践产生很大影响的是教师自己头脑中的"教学理论"，这种"教学理论"在很大程度上是教师自己经过学习和教学实践形成的，而不是专家灌输的。在中小学教师群体乃至教育培训者当中，往往有这样一种认知误区：认为只要专家们把各种课堂教学方法或模式，或者被一些人认为更加时髦的概念讲给教师听，让教师们记住并按照这个方法或模式来教学，教师素质就提高了，很多教学问题就迎刃而解。实际上，一线教师很少将自己教学的某种有效方法看成哪一个教学理论或教学流派。

所以，我们坚信教育学主要是一种经验科学，离开自己的教学经验来谈教学理论是一种不合理或者不现实的学习方式。因为教学风格是一种个性化的教学艺术，每一位教师都要对教学理论进行个性化的改造，将外在的教学理论与自己的教学经验进行充分的整合，即教师将自己的"教学理论"转化为教学信念、升华为教师的人格以后，就成为教师生命中的一部分，就能够自觉地指导自己的日常教育言论和行为，进而产生改变学生学习的力量，这是本书讨论的出发点和最终目的。

教与学的理论非常多，本书也不可能一一加以罗列。美国教育心理学家布鲁纳曾说，教学理论从本质上说主要是一种规范性、处方性的理论。因此，在此只简要介绍认知学派、人本主义学派和行为主义学派这三大教学理论。这些理论虽然看上去彼此独立，但仔细推敲会发现其实它们拥有很多共同的观点。

一、认知学派

认知学派是建立在认知科学的理论基础之上的。产生于20世纪60年代的认知科学，主要研究人们如何思维。认知科学在帮助我们了解学习和记忆过程的同时，必须要特别注意信息加工和意义学习这两个概念。

所谓信息加工是指人们怎样接收、储存并在需要时有效提取信息的过程（地理信息加工的一般过程如图 1 - 1 所示）。而意义学习是指在使用新信息时如何最有效地组织、设计、传授这些信息的问题研究。认知科学家告诉我们，当人们遇到外在刺激时，通常只会注意到其中的一部分刺激。而在注意到的刺激物中，一部分很快就会被忘记，其他的则可能进入短时记忆或工作记忆系统。当刺激到达人们的短时记忆系统时，它可能会被传递到长时记忆系统。那些没有使用到一定程度，从而未到达长时记忆系统的信息很容易被遗忘。这些观点对我们的教学意义重大：什么时候才能吸引学生并保持学生的注意力？怎样才能让更多的信息进入短时与长时记忆系统？我们知道，教学要尽可能让学生的学习体验感到愉快；尽量通过多种感觉通道和形式多样的活动，让学生更好地集中注意力并保持更长的时间；尽量采取一些办法来抵消影响学习的一些外部因素等。比如在星座识别中，无论教师用怎样的语言去描述北斗七星的位置和形状，都不如在一个晴朗的夜晚带领学生仰望星空直接辨识出北斗七星来得更加有效。

图 1 - 1　地理信息加工的一般过程图式

基于认知科学，产生了四种认知主义的教学方法。一是接受学习。当教师向学生呈现精心组织和编排过的新信息时，接受学习就发生了。所以，教师在授课时，尽量向学生明确学习目标，通过先行组织者开展教学。美国认知教育心理学家奥苏贝尔认为，先行组织者能够将学习者长时记忆中的原信息与新信息联系起来教学，从而使新信息变得更易理解。在教学过程中，应有组织地、循序渐进地呈现信息。二是互动式教学。互动式教学是一种逐渐将学习的责任转向学生自己的一种教学形式。比如在辨识北斗七星的教学过程中，教师首先示范，向学生讲解怎样辨识。一个或几个学生学会以后，再向其他学生解释如何辨识。教师在旁边提供必要的鼓励和帮助，学生之间相互交流、互问互答。三是探究学习。按照瑞士心理学家皮亚杰和美国教育心理学家布鲁纳的观点，应该鼓励学生自我学习，而不是由教师灌输给他们。因此，探究学习就是指学生积极参与、主动体验与实验，通过这些活动形成自己的知识与理解。与探究学习紧密联系的一个术语就是建构主义。建构主义源于皮亚杰和苏联心理学家维果斯基。建构主义学者认为，为了促进学习者更好地理解，必须积极主动地参与到自我发现的活动中；他们必须用当前已有的知识经验实践新的信息，并且在新信息与旧的知识经验不一致的情况下，解决这些矛盾与差异。四是问题解决。问题解决法要求将达到的教学目标置于情境之中，并且提问学生怎样才能达到目标。该方法认为问题有两类：良好结构的问题和非良好结构的问题。目标明确并且有可以遵循的特定步骤的问题解决，就是良好结构的问题。而那些没有特定的、简单的步骤来获得固定的解答的问题就是非良好结构的问题。教育的一个主要目标就是帮助学生学习解决各种类型的问题。

二、人本主义学派

人本主义学派在很大程度上借鉴了社会心理学，主张以人本或情感教育的方法关注学生的个人发展及社会学习。人本主义学派强调学校应该适应儿童的需要，而不是儿童来适应学校。学校的教育环境应该帮助儿童对基本的个体需要感到满意，例如，个人安全的需要、归属需要和成就需要等（马斯洛，1968）。教师应该使用一些能够帮助学生更好理解自己情感和价值的方法，如积极倾听、激励性的学习、价值澄清等，让学生认识到自己是有责任心、有能力、有价值的人。在新课程改革实施中，学科核心素养的培育本身就是人本主义的考量。如何处理教与学的关系？如何在教学中体现学生的主体地位？学生应该学什么？如何学？教师该教什么？如何教？下面的案例会启示我们：除了注重学生理解教材中的基本概念、原理外，还要注重在真实而具体的情境中通过设问，引导学生掌握概念、原理内涵和应用的范畴。在教学中，要有意识地用辩论、讨论等方式激发学生的思维；教师应在学生思维的广度、深度上进行有意识地引导；对学生的"新"观点不要急于否定，而要平等地与学生对话交流；引导学生关注社会和生活环境，鼓励从地理视角审视身边事物和周边环境，树立角色意识等。

案例：基于人本主义的地理主题探究

探究主题：

深圳要发展成为粤港澳大湾区的"创新创意之都"，请同学们思考并讨论深圳市政府在吸引人才方面应采取哪些措施？

讨论实录：

学生1：提供优惠的人才政策，比如提供安家费、提供住房、实施减税政策等；大力发展地铁等公共交通基础设施。

学生2：建设高品质学校和医院，为人才解决子女教育和医疗等配套服务设施。

学生3：加快创新产业发展，为创新人才提供好的就业机会；建设高水平高等院校；加强科研创新，培育更多的创新人才。

学生4：大力提升生态环境质量，打造宜居环境，建设公园城市、森林城市。

学生5：完善互联网等信息网络，加强粤港澳大湾区的区际交流协作。

教学反思：

本问题为基于人本主义的地理开放式问题，问题解答的条件并非来自教材，而是平时对生活环境（深圳）的观察。本问题着重考查学生在对"影响人口迁移的主要因素"等基础地理知识、原理的理解之后，结合深圳本地生活环境的迁移应用。从人本主义视角来看，重在引导学生在分析和解决地理问题时，重视角色代入感，在具体生活情境中，提升解决地理问题的能力。

从人本主义视角来看，学生回答问题思维活跃，但对问题的洞察力差异明显。有少数学生将政府的措施理解为人才的特点，角色感缺乏或错位。不少学生将"人才政策"这一点拆分为几个具体的事例作为回答要点，说明面对开放式问题，答题思维广度不够、过于狭窄，归纳概括能力有待提高。也有一些学生提到保持社会稳定、举办创意大赛、创新教育体制、加强养老保障、促进数字创意产业发展等，思路清晰且更富有创新。其实在国家相关规划中，建设世界旅游休闲中心、打造多元文化交流合作基地、增强综合交通枢纽功能、提升科技教育文化中心功能、共建国际化创新平台、建设合作示范区等都是政府吸引人才的措施。

三、行为主义学派

行为主义学派就是帮助我们理解为什么有这样行为的人，外部环境中的刺激物怎样带来明显的行为反应，如何通过调整周边环境来改变个人行为。行为主义学派的主要观点是刺激－反应（S－R）。行为主义倡导的教学实践主要是程序教学、计算机辅助教学、掌握学习、精准教学和应用行为分析等。程序教学就是指将有待学习的材料重新组织成短小的框架内容，学习者会对每一框架的问题（刺激）做出反应。如果反应正确，就会进入下一个框架学习；如果反应不正确，就会被要求重新回答或提供一些帮助的信息。计算机辅助教学就是利用计算机展示程序教学内容或者帮助学习者完成特殊的学习任务。掌握学习要求学生根据自己的实际情况进行教学内容的学习。比如某次地理测试要求至少80%的学生答案正确，那些没有达到要求的学生就可能会接受额外的地理辅导和帮助，以便达到较高的成绩。精准教学则是在学习者掌握某一项知识或技能以后，持续使用这一方法达到较高水平的精确度或熟练程度。精准教学可以帮助学生在短时间内取得较大的学业进步。应用行为分析则是确定学生需要改进的行为，然后采取矫正措施，强化学生不断形成正确行为方式。在中学地理教学实践中，培优补弱工作就是精准教学的具体体现（见表1－1）。

表1－1　精准教学案例：某中学地理培优计划（部分）

优生选拔标准	①地理学习习惯较好。能认真听讲、思维活跃、勤学好问，善于发现解决问题的关键，对地理知识的应用能力较强。②地理课堂积极发言，课后及时复习。③基本掌握地理的学习方法和学习技巧。④大型考试地理成绩位于班级前列

培优计划 措施	①在地理课堂上拓展学生知识面，扩大阅读量。②加强地理基础知识与实际运用能力的训练。③对个别突出的学生进行单独辅导。④在每一次的地理检测练习中，注重对优生情况的检查，及时发现问题、解决问题。⑤多沟通、多鼓励、多关心、多辅导。地理作业和试卷尽量做到面批面改

上述三种教学理论的诸多观点，很多已为大家所熟悉。究竟哪一种教学理论更为有效，是业内长期争论的问题。有时我们发现，对那些学习和行为能力比较弱的学生来说，可能行为主义学派理论更为有效。对某些学生而言，人本主义的教学理论效果更好。不同的观点不仅存在于不同的教学理论学派之间，而且也存在于同一学派内部。比如探究学习教学方法，并不是就所学的每一个概念、原理都采取逐一探究学习的教学方式，只不过是针对特定教学内容，通过个人探究可以获得最好的教学效果而已。作为教育工作者，当遇到实践中的困惑，分析造成学生学习障碍的原因，就需要找到合适的教学理论进行阐释，进而找到合适的问题解决措施，而不是摇头、叹气，甚至放弃某个学生。对教育教学及时做出反思，重新认识我们的教学，不断丰富和改进教学方法。总之，教师应该是既传授知识又不断学习，对学生具有高度责任心的实践专家。

第二节　图式教学理论

一、图式概念及功能

1. 图式概念探究

现在一般认为，图式（Schema）是心理学的一个概念，是指人脑中已有知识经验的网络，是认知的基本构造单元。1781 年，康德提出我们的一切知识来源于经验。感性经验呈现的是具体的物质形态，我们从这些具体的物质形态中得到了概念、范畴以及逻辑的应用。在感性经验与理性能力之间建立联系的是知性过程，知性过程是一切纯粹概念发展的线索，是一切分析判断和综合判断的最高原理。在知性过程中起主要作用的就是"图式"。简单来说，康德认为图式就是"潜藏在人类心灵深处"的一种技术、一种技巧。

英国心理学家巴特里特于1932年提出图式理论，他认为图式是指过去所获得的知识经验在大脑中的储存，即图式是大脑对过去经验的反应或积极组织。1977年，美国人工智能专家鲁梅尔哈特认为图式是人脑中存储知识的基本单元，是表征知识的基本存储单位，并以等级层次形式储存于长时记忆中的"相互作用的知识结构"或"构成认知能力的建筑砌块"。人们对客观事物能否理解、如何理解及理解的程度如何等都与头脑中已有的图式有关，人们通过图式对信息进行加工、改造和重建。因此，图式就是表征特定概念、事物或事件的认知结构，它影响相关信息的加工过程。

20世纪初，瑞典语言学家索绪尔认为语言结构是具有逻辑结构的符号系统。这种结构是儿童在学习语言的过程中不断建构的动态过程。语法的生成是图式在主体思维中同化的过程，是发生学关系上的不断转换。

皮亚杰在索绪尔研究的基础上，认为一个研究领域要能建立起自己说明自己的一种结构，必须具有整体性、具有转换规律或法则、具有自身调整性三大要素。皮亚杰把这种结构称作是具有整体性和若干转换规律组成的、有自身调整性的图式体系。比如某个区域的气候、水文、生物、土壤、地形等要素不是简单地叠加，而是有机地结合在一起，构成了一个除了各个要素的部分功能外，还具有整体性功能的一个整体。换句话说，整体不是部分的简单总和，整体比部分的总和还要多一些。这种结构体系或图式具有不断建构的特点。在地理学习中，从地球自转的周期、方向、速度等开始，到地球自转的地理意义这一知识结构体系（图式）建构的过程，离不开主体（学生）的活动。学生在学习地球自转的周期、方向、速度及地理意义时，结合自身的认知基础，结合学习环境，利用模型或软件等，将相关知识结构整合到自己头脑中去，在新的概念性表象如地转偏向力、地方时、区时、昼夜交替等基础上，形成新的普遍图式。这个形成新结构的功能或过程，就是图式的同化作用或过程。新结构或图式的形成，是一步步通过同化作用，新图式不断取代旧图式的过程。皮亚杰等还认为，在实践活动与认知之间，有一个中介，就是概念图式。所谓概念图式，就是脱离了客观事物的，具有经验性又具有可理解性的一种存在。

20世纪90年代以来，图式理论被运用于各个学术研究领域，人们根据实践还总结出不同类型的图式，如社会图式、自我图式、个人图式、关系图式和事件图式等，并对图式逐步达成这样一种共识：图式就是对已有知识和经验的组织，人们在获取知识信息的过程中受头脑中已有图式的影响，不断建立新图式，丰富或重建原有图式。

2. 图式基本功能

图式的基本功能主要有构建功能、预测推理功能、信息处理功能和记忆组织功能。所谓构建功能是指学习者在习得新知识过程中和理解客观事物时，通过图式抽取客观事物的特点、本质或者基本的东西，并构建联系。新旧知识和经验在连接与外部信息刺激下不断互动，构建最合适且易于接受的新表达，而人脑信息库也随之更新，处于持续构建中。预测推理功能是指图式是某种知识的结构框架，而相互联系而非孤立存在的图式变量是构成框架的因子。利用图式变量间的内在联系可推测出对知识理解与获得有重要作用但隐含或未知的信息。信息处理功能是把图式看作一项检索条目，帮助我们积极检索并搜集有价值的信息。人们把新输入的信息纳入图式框架，通过适当调整、合并与相应变量联系起来，将具体化的变量与原有图式融合，强化对原有图式的记忆，完善和更新图式信息库的数据，就是图式的记忆组织功能（天体系统层次图式如图1-2所示）。

图1-2　天体系统层次图式（笔者自绘）

二、图式分类

图式有不同的分类，比如基本图式、扩展图式、初始图式、初级图式、高级图式、个人图式、自我图式、团体图式、角色图式和事件图式等。下面对部分图式做简单介绍。

1. 个人图式

个人图式（Person Schema）指人们对某一特殊个体的认知结构。比如我们对徐霞客的认知就有一个个人图式，这个图式的基本内容为："徐霞客是个旅行家。"

2. 自我图式

自我图式（Self – Schema）指人们对自己所形成的认知结构，它与自我概念有着紧密的联系。比如作为一名地理教师，我们关注自身业务水平的提高、关注学生成绩的进步等。

3. 团体图式

团体图式是指人们对某个特殊团体的认知结构，有时候也叫团体刻板印象（Stereotype）。比如我们常常根据刻板印象认为农村的孩子更加朴实、刻苦。

4. 角色图式

角色图式（Role Schema）指人们对特殊角色者（如教师）所具有的有组织的认知结构。比如人们常常认为地理教师上知天文、下知地理等。

5. 事件图式

事件图式（Event Schema）是指人们对社会情境中会出现何种情况的一般预期的认知表征，是对社会事件的心理分类。比如我们有做某一类地理试题的图式，有读人口统计图的图式，有看懂手机地图的图式等。

三、图式学说

人们习惯把瑞士心理学家皮亚杰的理论称为"图式学说"。皮亚杰通过实验研究，赋予图式概念新的含义，成为他的认知发展理论的核心概念。他把图式看作包括动作结构和运算结构在内的从经验到概念的中介。在皮亚杰看来，图式是主体内部的一种动态的、可变的认知结构。他反对行为主义 S→R 公式，提出 S→（AT）→R 的公式，即一定的刺激（S）被个体同化（A）于认知结构（T）之中，才能做出反应（R）。个体之所以能对各种刺激做出各种反应，是由于个体具有能够同化这些刺激的某种图式。这种图式在认知过程中发挥着不可替代的重要作用，即能过滤、筛选、整理外界刺激，使之成为有条理的整体性认识，从而建立新的图式。皮亚杰认为，图式虽然最初来自先天遗传，但一经与外界接触，在适应环境的过程中，图式就不断变化、丰富和发展起来，永远不会停留在一个水平上。他用图式、同化、顺应、平衡四个基本概念阐述个体认知结构的活动过程，形成具有自己特色的建构理论。皮亚杰认为，人的心智、思维和身体一样，是具有一定的结构的。

皮亚杰在 20 世纪 60 年代初创立的"发生认识论"，实质上就是他的图式学说，他将图式分为初始图式、初级图式、高级图式等不同的发展水平。初始图式主要是遗传性的图式或反射图式。初级图式主要是指运动图式、习惯感知等。高级图式主要是运算图式、智力图式、思维结构等。皮亚杰认为从行为（不管它们是多么简单）引起一种自发的努力，并自模式化起（比如吸、抓、握图式），在外部世界的相互作用下，经由同化和顺应双向建构，发展到个体复杂的认知图式。随着图式的不断增多和复杂化，图式的发展水平也不断提高，进而发展出多种图式的协同活动，表现为人的心理水平由低级向高级发展。图式始终是从经验中提炼的认知结构。图式始终包含由主体（或机体）进行的动作，它们不是从客体或环境的特性中派生出来的。图式在主体与客体的相互作用中产生，在主体与客体的相互作用中发展，这就是皮亚杰的图式学说。

按照皮亚杰的理论，儿童的心理结构或认知结构，正是在环境中不断地适应，在这种动态的平衡过程中形成和发展的。因此，他提出主体与客体相互作用的活动是认知结构产生的源泉，让儿童获得充分活动的机会，对他们的认知发展是极为必要的、不可缺少的条件。

四、现代图式理论

进入 20 世纪，信息科学及计算机技术的发展，为图式理论的进一步发展提供了契机。20 世纪 70 年代，美国人工智能专家鲁梅尔哈特等做了大量研究，图式理论得到不断发展，产生许多不同的模式。

1. 框架模式

明斯基用框架一词指图式，尤其描述了与情景有关的图式。尽管不同的学者对图式的定义不尽相同，但总体来说，均认为图式是大脑为了便于信息存储和处理，而将新事物与已有的知识、经历有机地组织起来的一种知识表征形式，是相互关联的知识构成的完整的信息系统。人们头脑中储存着各种各样的图式（框架），比如写字的图式、用筷子的图式、骑车的图式等。图式来自我们生活中的一个个具体实例，但又不是实例的堆砌，而是这些具体实例基本共性的集合，是从具体中抽象出来的模式。图式又不是固定不变的，每一次应用又改变图式本身，新形成的图式又为下一次的信息处理提供框架。

2. 槽模式

关于图式，还有一种比较形象的解释：槽（Slot）。知识被储存于"槽"中，槽与槽之间又存在相互联系的信息，许许多多的槽结合在一起就构成图式。以地质构造为例，它的图式就包含褶皱、断层等"槽"，这些代表"图像特征、文字语言描述"等的"槽"，就像存放物品的格子一样，由特定的信息或属性所填充。当学生面对新的学习任务时，受情景中信息的激发，储存在长时记忆中的图式被激活，特定的信息被填充到图式的"槽"当中。在激活图式的过程中，部分可以激活整体，整体也可以激活部分。如果某一整体图式被激活，部分之间也可能相互激活；如果几个部分同时被激活，则激活整体图式的可能性更大些。

3. 习得模式

心理学家一般将图式习得分为两个阶段，一是图式的形成，二是图式的精制。首先，图式是在图式例子的基础上形成的。心理学家认为，要在头脑中形成一定的图式，首先必须学习至少两个图式的例子。在学习图式的例子时，要让学生有意识地寻找不同例子的相似之处，才能形成图式。图式形成后，并非一成不变，一定的图式只能适应一定的认知阶段。随着学习的扩展、深化，图式也将不断地调整、完善，也就是图式的精制。

4. 图式特征

作为表征知识的一种结构，图式具有一些明显的特征。在美国教育心理学家加涅看来，图式具有以下几个特征：①图式含有变量，图式中的一些"槽"保存的属性会随着个体认识的深入而发生变化。②图式可以按层级组织起来，也可以嵌入另一个图式中。③图式可以促进推论。加涅认为，认知图式的获得必须通过一系列产生式活动才能得到。在这一过程中，个体从事的工作就是抽取这一范畴中最为典型的特征组合。大量事实证明，样例可以有效地促进图式的形成与精制。图式不仅可以帮助学生构建知识体系，还能帮助学生完善知识体系的结构。认知心理学家认为，帮助学生建立良好的认知结构是提高学生学习能力的根本。所谓知识结构就是学科知识的内部联系和规律，即学科的基本概念、公理、定理、方法相互渗透相互关联而形成的梯级结构或网络结构。知识结构的内化就是通过感觉、知觉、想象、思维等形式转化为学习者头脑中的认知结构的过程，其中思维是内化的核心。

根据现代认知图式理论，学生对知识的学习和应用的过程，实际上就是建立基本图式，进而通过扩展及转换图式将问题变为相比较而言容易解决的过程，知识能力的强弱主要取决于大脑储存图式的多少。教师的作用则是通过全面把握知识，并对之进行综合、抽象、加工提炼来帮助学生建立图式（见图1-3）。

五、图式与地理教学

与认知心理学息息相关的图式理论，对学科教学有着很强的指导作用。例如基于图式理论的"三步法"教学方法就是图式理论在英语、语文等学科阅读教学中的应用。其具体操作程序是：第一步，导入。激活已有图式，帮助学生在旧知识（已有图式）和新知识（将要听到的信息）之间建立合理紧密的联系。第二步，实施。构建新图式，帮助学生运用已有图式加速对新信息的理解，提高理解的准确度。第三步，巩固。巩固和拓展图式，帮助学生最大限度地巩固学习，从而提升课堂教学的效果和质量。"三步法"教学方法对地理学科一样适用。

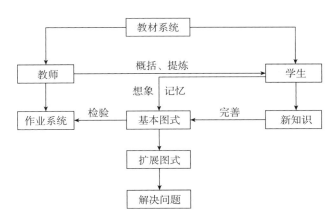

图 1－3　教学的基本图式（笔者自绘）

1. 地理图式的主要特征

地理图式是由种种内在的地理规律组成的结构体系。这种体系具有前述三个主要特征：整体性、转换规律性和自身调整性。地理图式具有整体性是不言而喻的。所谓的转换规律性，就是地理图式可以用符合地理逻辑的方式表达出来。这个逻辑，可以是时间性的，如地貌景观的形成；也可以是非时间性的，如区域地理特征；甚至还可以是跨学科的结构联系，如基于想象力培养的 STEM 课程。所谓自身调整性，就是指地理图式可以根据学习者的认识进行自己调整，这种调整达到了某种平衡以后，就形成了具有某种封闭性和守恒性的地理图式。但是随着认知的不断发展，这个相对平衡的地理图式的边界会出现某种变化，内容得到丰富和完善，也就是不断调整的过程，进而为形成新的图式打下基础，直到形成新的地理图式。如此不断完善，这个过程具有一定的节奏。这个节奏因学习者个体情况而异，也因教学情况而异，甚至会受到不同学习环境的影响。

地理图式是学生学习地理事物、概念、原理等知识时建构的知识结构，也就是有关地理知识的图式，具有时代性特征。比如自然地理要素一般分为气候、水文、生物、土壤、地貌等，这种图式就具有相对稳定性的特征。再比如，在过去相当长时间内，在人们的认知中深圳是以劳动密集型产业为主的城市。随着时代发展，深圳产业升级，劳动密集型产业已经不是深圳最主要的特征。目前深圳高新技术产业所占的比例比较大，成为人们对深圳产业认知的新图式。随着粤港澳大湾区的建设推进、中国特色社会主义先行示范区的建设，深圳图式的概念内涵一定会有新的补充与完善。因此，地理图式随着社会发展和科技水平的不断提升，也在发生变化。

地理图式还具有等级性或层级性特征。比如地貌可以分为流水地貌、风力地貌、冰川地貌等，流水地貌又可以分为流水侵蚀地貌、流水沉积地貌等。围绕地理知识的某一个主题的地理图式具有层级性的特征。

地理图式具有精制的特征。在自然地理图式中，地理概念如化学元素、岩石、地壳等概念群之间具有严密的逻辑关系。作为高中地理图式，与高中生的地理认知水平有关。比如岩石圈的物质循环图式，随着学习的不断深入，学生对岩浆岩的认知会细化为侵入型岩浆岩、喷出型岩浆岩。对沉积物的认知会细化为疏松堆积物或第四纪疏松堆积物。地理图式可以不断丰富和完善，或具有演绎性，而这种图式是在学习的过程中不断归纳概括而来的，又具有归纳法的特点。在学习这些概念群之前，学习者需要观察、辨识不同的岩石类型，知道每种岩石从成因分类上看是属于岩浆岩、沉积岩还是变质岩。从图式的发生心理学角度上看，图式的形成离不开实践活动。在地理实践中，也可以形成感觉运动图式。那是不是说在地理野外实践中，随便找一堆石头都可以形成某种图式呢？显然不是这样的。只有我们给一堆石头或别的地理事物，精制出一个理论或逻辑出来，才能形成图式。因此，图式具有精制的特征。

总之，地理图式是地理必备知识和关键能力的体现，本质是一种认知模式。地理教学的重要任务就是帮助学生构建他们的地理知识图式。地理图式可以提升学生地理推理和判断能力，提高学生解决地理问题的能力。地理图式的建构、丰富和完善的过程，就是地理学科核心素养的提升过程。

2. 地理图式与图式教学

地理图式是自然的知识结构，需要个体学习掌握地理事物、现象、原理等知识并将这些内容组合成地理知识结构，形成地理知识的图式。比如由蒸发、水汽输送、降水、径流输送等环节构成的水循环，是自然环境中真实存在已久，又被人们发现的自然地理图式。水循环又可以分为海陆间循环、海上内循环、陆上内循环等不同的图式。因此，地理学习的过程就是新图式的形成以及精制过程。比如地质构造的概念图式，不仅是它的定义，而且是围绕这个概念的信息组合。

地理教材中的知识主要是以语言文字的方式详细表达的，而头脑中的图式是以语义的方式简约表征的；教材中的知识逻辑性强，而头脑中的图式会松散一些。地理教材中的知识是系统的，而头脑中的图式由于遗忘，常常缺乏系统化。当学生面对新的地理学习任务时，受到情景中信息的激发，储存在长时记忆中的图式被激活，特定的信息被填充到图式的槽中。地理教学中最为重要的部分应是帮助学生构建他们思维中的地理知识图式。学生在地理学习过程中通过图式能够提升推理和判断能力，强化对地理知识的理解，全面提升学生独立解决问题的能力。

地理教学中进行图式精制的路径在哪里呢？那就是寻找地理事物内在的规律性，尝试用一些地理概念为地理事物下定义，用因果关系去定义地理逻辑结构与地理事物之间的联系。找出那些不以人的意志为转移的、客观的地理因果关系，将地理事物内在的机制内化在我们的思维中，建立起相对稳固的联系，就是地理事物到地理图式的精制过程。这个过程既有地理科学的规律，更有地理认知的性质。我们经常会把地理图式有意无意地加上自己的印象，也就是图式的顺应。从地理学习的实地感知到表象思维，再到符号功能的过程，就是地理学习的逻辑过程，或地理图式的建构过程。尝试用图形化的形式去表达这个逻辑过程，把可视化融入新旧图式的建构过程之中，就是图式教学。利用认知主体与客体之间产生相互性的同化作用，使各种图式与主体认知建立起日益紧密的联系，这是图式教学中的个性化过程。

地理图表、视频等可视化工具属于视角表象范畴。这是地理事物不在面前时，先前已经体验到的，存储于个体认知图式中的，在特定的情境中输出的形象化感知。按照感知类型可以将其分为视觉表象、听觉表象、触觉表象、嗅觉表象等。其中地理图表是课堂教学中最常见的表象呈现方式。图式教学以可视化的形式进行表象思维的方式进行教学。通过构建多种类型的可视化图式，训练学生掌握地理学习的基本方法和技能，培养学生综合思维、区域认知、地理实践力、人地协调观等核心素养，以期达到促进学生全面发展的目的。

第三节　图式学习理论

图式是一种高级的学习策略。图式能够帮助学生建构知识体系，利用图式、图像可以使学生比较容易地接收外部信息，形成一个短时记忆。在遇到新知识时，图式也可以帮助学习者确认知识属于哪个图式范畴，然后进行补充和完善。学生在搭建知识体系时，需要借助一定的情境学习，图式情境也是学生学习地理知识很有益处的方法。图式教学策略重视学生完整知识结构的建构与活化，并能够降低因为知识难度所带来的认知障碍。图式学习策略的形成对于知识结构化、形成知识网络、优化认知结构非常重要。下面简要介绍与图式相关的几个学习理论，并附有相关案例供学习者参考。

一、图式与 APOS 学习理论

APOS 学习理论是美国著名教育家杜宾斯于 20 世纪 80 年代提出的基于建构主义概念的学习理论，该理论被誉为近年来教学领域最伟大的理论成果之一。APOS 学习理论指出，在教学的过程中，学生经历活动、过程、对象等阶段，一般能在建构和反思的基础之上形成图式，产生问题意识，并自主解决问题。

APOS 学习理论的核心是引导学生在社会实践中学习知识，分析问题情景，从而建构属于自己的学科思想方法。在此过程中，个体依次建立了心理活动

（Action）、过程（Process）和对象（Object），最终组织成用以理解问题情景的图式结构（Schema）。

心理活动阶段是学生理解概念的一个必要条件，通过操作、活动，让学生亲身体验、感知问题的直观背景以及与生活现实的关联。

过程阶段是指学生对操作、活动进行思考，经历思维的内化、整合的过程，在头脑中对活动进行描述和反思，抽象出概念所具有的特征。

对象阶段是指经过前面的抽象并认识概念的本质，对其赋予形式化的定义和符号，从而达到精制化，成为一个具体的对象，在以后的学习中，以此为对象进行新的活动。

图式结构阶段是指经过长期的学习活动逐步完善，将某一概念的特征、定义及符号等与其他概念、规则、图形等建立联系，进而在头脑中形成综合的心理图式。

上述四个环节可以是阶段性的，也可以循环进行。APOS 学习理论，重视图式的形成过程，但对图式的精制过程缺乏指导。

案例：基于 APOS 学习理论的地理试题评析

下图为某河流上游河段的单侧断面。该河段两岸依次分布着海拔不同的四个平坦面 T_0、T_1、T_2、T_3，平坦面上均堆积着河流沉积砾石。砾石的平均砾径 $T_3 > T_0 > T_2 > T_1$。据此完成 1~3 题。

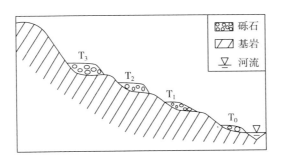

1. 面积仍在扩大的平坦面是（　　）。

A. T_0　　　　　　　　　　B. T_1

C. T_2　　　　　　　　　　D. T_3

2. 该断面河流流速最大的时期为（　　）。

A. T_3 形成时期　　　　　　B. T_2 形成时期

C. T_1 形成时期　　　　　　D. T_0 形成时期

3. 推测该河段所在区域的地壳经历了（　　）。

A. 持续性下降　　　　　　B. 持续性抬升

C. 间歇性下降　　　　　　D. 间歇性抬升

基于 APOS 学习理论的地理试题评析：

（1）操作阶段。带领学生参观一处河流阶地或播放某一河流阶地的图像资料，让学生通过亲身体验、直观感知本问题的现实背景。

（2）过程阶段。通过直观感知在沉积物垂直剖面中，粗、细沉积物成层分布，再经历思维的内化、整合的过程，在教师引导下，学生得出这样的结论：河流上、中游流速快，沉积物颗粒大；下游流速变小，沉积物颗粒细小。河流中心流速大，岸边，特别是凸岸流速小。洪水期间因流速大，沉积的物质颗粒粗大；平水期流速小，沉积的物质颗粒细小。

（3）对象阶段。根据材料，平坦面上堆积着河流沉积砾石，显然洪水期河水仅能淹没 T_0，可判断只有 T_0 会有河水携带泥沙沉积，因此平坦面面积仍在扩大。砾石的平均砾径为 $T_3 > T_0 > T_2 > T_1$，沉积颗粒越大说明流速越快，因此，T_3 时期该断面流速最大。平坦面的顺序自高处向河谷依次为 T_3、T_2、T_1、T_0，说明 T_2 和 T_1 阶段该河段地壳抬升，流速降低，沉积颗粒物粒径减小，因此可推断该河段所在区域的地壳经历了间歇性抬升。

（4）图式结构阶段。这是指经过学习活动，建立起河流流速、坡降、凸岸与凹岸流速差异、洪水期与平水期流速变化等因素与沉积物颗粒的关联，进而在头脑中形成综合的心理图式。

【答案】1. A　2. A　3. D

二、图式与 CPFS 结构理论

南京师范大学喻平教授在 2003 年提出 CPFS 结构理论，指出个体的 CPFS 结构就是学生头脑中的知识网络，是数学学习中学生特有的认知结构。CPFS 结构由四个概念组成：概念域（Concept Field）、概念系（Concept System）、命题域（Proposition Field）、命题系（Proposition System）。取概念、命题、域、系四个英文单词的第一个字母，组成 CPFS。

概念域就是学习者在头脑中形成的关于一个概念的一组等价定义。"等价"是指这些定义之间可以相互推导，具有逻辑意义上的等价关系，表现为一种定义成立时，其他定义同时成立，即"同一性"。

概念系讨论的是一组概念，这组概念之间由某种关系将它们联系起来。比如图 1-4 为影响蒸发的因素概念系图式。

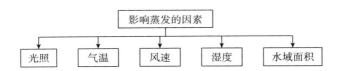

图 1-4　影响蒸发的因素概念系图式（笔者自绘）

命题域是指学习者学习一个命题后，头脑中形成的关于这个命题的一组等价命题。

命题系是指学习者头脑中储存的一组命题，这组命题中每一个命题至少与其他一个命题之间存在推出关系。

CPFS 结构在地理教学中构建一组概念与其他概念之间纵向、横向或立体的联系，使学生感觉这种联系的一体性，避免单一的割裂和支离破碎的理解。以核心概念为基点形成生态链、知识链、思维链，进而形成知识系统。帮助学生建构地理概念之间、命题之间、知识之间联系的思路框架，拓展思维视域，从而使学生的思维水平达到关联结构水平（能对问题有整体的把握，能将各种信息进行整合，能解决较为复杂的具体问题）和抽象拓展结构水平（还能迁移于新的问题情境，并对问题进行抽象概括）。

三、图式与布鲁姆教育目标分类学

布鲁姆教育目标分类学用知识维度和认知过程维度组成的二维表格将教育目标归于该表格的一个或多个方格中。在知识维度上，分为事实性知识、概念性知识、程序性知识和元认知知识四大类。

事实性知识是指学生通晓一门学科或者理解其中的问题所必须了解的基本要素，如术语知识、具体细节和要素的知识。概念性知识是指在一个更大体系内共同产生作用的基本要素之间的关系，如分类和类别的知识、原理和通则的知识以及理论、模型和结构的知识等。程序性知识是指做某事的方法、探究的方法，以及使用技能、算法、技术和方法的准则，如具体学科的技能和算法的知识、具体学科的技术和方法的知识、确定何时使用适当程序的准则知识等。元认知知识是指策略性知识、关于认知任务的知识（包括适当的情境性知识和条件性知识）、关于自我的知识等。例如，重要的自然资源属于事实性知识，地质年代就属于概念性知识，科学方法属于程序性知识，知道自己的知识水平就属于元认知知识。

在认知过程维度上，分为记忆、理解、应用、分析、评价、创造六个主类别。其中，记忆分识别和回忆两个具体认知过程。理解分为解释、举例、分类、总结、推断、比较、说明七个认知过程。应用分为执行和实施两个具体认知过程。分析分为区别、组织、归因三个具体认知过程。评价分为检查和评论两个认知过程。创造又分为产生、计划、生成三个认知过程。

教学的任务就是将上述外在于学习者的知识转化为学生个体的知识。学生个体学习的过程要经历记忆、理解、应用、分析、评价和创造由低到高的六个水平的认知层次。从图式理论上看，布鲁姆教育目标分类实质上就是把图式的形成以及精制纳入教育目标设置当中。对于课堂教学，学习者也就是学生的主要任务就是形成图式，并得到精制，继而能够提取。记忆、理解就是在理解的基础上对图式进行记忆，以组块的形式储存于头脑中，丰富自己的认知结构。应用、分析就是在问题的解决过程中，能够积极进行图式的提取。评价和创造就是要对知识进行筛选、判断、反思，甚至创造，这是学习思维环节的最高境界。而作为教师，从图式理论角度上看，就是在确定教学目标时要能辨析哪些事实性知识需要记忆，哪些概念性知识需要运用，哪些程序性知识需要综合运用，哪些元认知知识可以帮助我们更好地改进教学、提高教学效率等。这样，我们的学习目标才能够更加清晰、有的放矢。

案例：在布鲁姆教育目标分类表中建立

目标分类图式练习

请将《普通高中地理课程标准（2017年版）》必修"1.1运用资料，描述地球所处的宇宙环境，说明太阳对地球的影响"这一课程标准进行分类。

知识维度	认知过程维度					
	记忆	理解	应用	分析	评价	创造
事实性知识						
概念性知识						
程序性知识						
元认知知识						

四、纲要信号图式学习法

纲要信号图式学习法是苏联教育家沙塔洛夫倡导的有效教学方法。所谓的"纲要信号图式"，就是用简明的符号、箭头，关键性的文字、数字，简洁、直观而醒目的图形等多种形式组成的，提纲挈领地概括学习内容，重点突出学习内容内部的关系与联系的学习图式信号系统。纲要信号图式学习法能揭示地理事物、现象的本质特征，激活学生思维，并更加有效地掌握地理知识，提高教和学的效率。纲要信号图式学习有利于学生迅速掌握大量地理知识，提升学生的记忆效果；使地理知识间内在的逻辑关系等得到较好的体现，有利于提升学生的联想能力和逻辑思维能力；更容易帮助学生揭示地理事物或现象的内在联系，特别适用于对知识归类和复习的教学。

纲要信号图式学习法一般分为以下几个步骤：首先要求教师对地理学习内容熟练掌握。其次以"纲要信号"图表进行二次讲解，突出关联、重难点，并分析、提炼和概括。最后将纲要信号图式发给每个学生进行消化、复习巩固。鼓励学生自行绘制信号纲要图式，设计问题、讨论和解答问题。图1-5为地球运动的意义纲要信号学习图式。

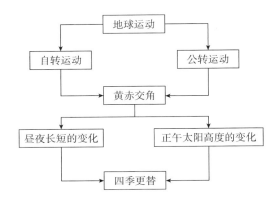

图1-5 地球运动的意义纲要信号学习图式（笔者自绘）

五、马登现象图式理论

马登现象图式理论是由瑞典教育家马登教授提出的，又称为现象图式理论。其主要观点是学习的过程是鉴别的过程，鉴别的过程依赖于对差异的认识。所以，在教学过程中着重体现教学的变式种类和数量，有利于提升学生的辩证和应变能力，使学生正确地掌握学习对象各个方面的内容。马登现象图式理论指出，在学习具体的知识时，通过某些教学手段将所学事物的主要特征加以鉴别，并把主要的精力集中在这些特征之上，可以帮助理解事物的本质属性。马登指出，鉴别就是主体根据自己以往的学习经验，从表象以及本质等方面去辨别某个事物，感知某个特征。由于鉴别的过程需要认识学习内容的差异，因此在教学过程中，如果教师在设计教学过程时，着重体现教学过程中的变式种类和数量，有利于拓展学生学习的可能空间，同时，也能使学生正确地掌握学习对象各个方面的内容。通过精心的变式设计，呈现一个新颖的变异练习，使学生在学习过程中，对学习过的知识点有一个深入的了解。同时通过此方法，可以帮助学生形成辩证的学习思维，学会从不同角度提出和解决问题。现代社会充满着各种各样的挑战，仅仅依靠教师传授的知识无法满足学生生存的需要。运用变式教学，锻炼学生识别和应变的能力，为将来处理解决面临的困境做好准备。

案例：基于马登现象图式理论的"地转偏向力"教学实录

实验目的：模拟地转偏向力

实验材料：雨伞一把，红墨水一瓶

实验步骤：

步骤1：（教师）打开雨伞，在伞的顶端滴一滴红墨水，顺时针转伞（模拟北半球），（学生）观察红墨水的运动轨迹。

提出问题：为什么红墨水不是以直线的方式从伞的顶端流下来的，而是有一定的弧度？

学生讨论：略。

步骤2：（教师）打开雨伞，在伞的顶端滴一滴红墨水，逆时针转伞（模拟南半球）。

提出问题：红墨水的运动轨迹跟步骤1是否相同？

学生讨论：略。

师生总结：在地球表面作水平运动的物体，在地转偏向力作用下的偏转规律：

北半球右偏，南半球左偏。

提出问题：该实验存在哪些不足之处？

学生讨论：该实验没有模拟出赤道的地转偏向力；没有模拟出作纬向运动物体的地转偏向力。

根据马登现象图式理论，在学习地理概念时，一定要学会鉴别概念的本质特征，理清思路，把握事物的本质。因此，基于马登现象图式理论的"地转偏向力"变式教学设计，通过师生的演示，将抽象的地理概念转化为学生能够直接观察到的现象，帮助学生建立感性知识和抽象概念之间的联系，让学生对"地转偏向力"产生一个"认知原型"，对地理概念有一个清晰的认识。运用演示的方式，可以使学生鉴别出概念的本质属性，进而更好地理解地转偏向力的规律，实现有意义的教学。教师可以假设北半球、南半球、赤道等不同的条件下，让学生模拟地转偏向力的作用，通过问题呈现及师生讨论交流，形成抽象的逻辑思维。

第二章 "双基"理念下的
"三板"教学

自 1977 年恢复高考至 20 世纪末，根据教学大纲、教科书授课是中国内地教育的主流。因为教学是以纲为本，教学内容又被教学大纲所限定，因此大纲导向的基础知识和基本技能教学成为基础教育的常态。基于此，形成一种教育思想或教学理论，就是所谓的"双基"教学。在教学过程中让学生明白本节课的基础知识和基本技能是什么，再应用这个基础知识和基本技能，达到熟练掌握的程度。那个时代的教学环境，极少有多媒体、互联网，教师一本书一支粉笔就能完成教学任务，因此，地理"双基"理念下的图式教学方法，基本就是地理"板书、板图、板画"基本功，简称"三板"教学艺术。"双基"理念下，"三板"图式教学方法主要包括图导（复习旧知、导入新课）、图解（基础知识、基本技能讲解）和图练（样图练习、复习巩固）三大步骤。因为"双基"教学重视基础知识、基本技能的传授，所以对教师"三板"艺术要求比较高，因为印刷技术及经费等限制，主张精讲精练，对教师手动绘图也有一定的要求。追求基础知识的记忆和掌握、基本技能的操演和熟练，让学生获得扎实的基础知识、熟练的基本技能和较高的学科能力为"双基"教学理念下主要的教学目标，所以板书、板图、板画就成为地理教师的基本功。

第一节　地理板书、板图、板画的概念与作用

一、地理板书的概念与作用

地理板书是指地理教师根据教学目标设计，运用文字、符号和图表等表达的教学要点和讲授提纲。一组好的地理板书，可以完整地展示地理知识结构、突出教学重点、体现教学过程、帮助学生记忆、发挥教师主导作用，引导思路、启发思维，培养学生的地理思维能力。图 2－1 为五带划分板书。

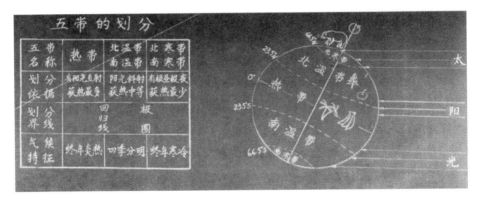

图 2－1　五带划分板书

资料来源：曲忠厚，胡良民．地理"三板"理论与实践［M］．开封：河南大学出版社，2000.

二、地理板图的概念与作用

地理板图是指在地理教学中，地理教师凭借记忆和熟练的技巧，将复杂的地图以及地理事物或现象，用简练的笔画，迅速绘制而成简略的黑板图。板图能够以十分简练的笔法，表现出地理事物的分布规律，使学生能够很快抓住特征，印象深刻，有利于对地理知识的理解和记忆。比如讲山东半岛时，只需几

笔就能勾勒出山东半岛的轮廓特点、海陆位置以及泰山的大致方位等（见图2 -2）。地理板图还能揭示出地理事物之间的因果关系。比如世界洋流的分布规律，寒暖流的分布及对气候的影响，洋流流向与海陆轮廓、盛行风向的关系等（见图2-3）。

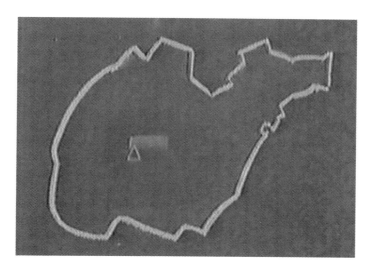

图2-2　山东省板图

资料来源：曲忠厚，胡良民．地理"三板"理论与实践［M］．开封：河南大学出版社，2000.

图2-3　世界洋流分布板图

资料来源：曲忠厚，胡良民．地理"三板"理论与实践［M］．开封：河南大学出版社，2000.

三、地理板画的概念与作用

地理板画是指地理教师在教学过程中，运用粉笔等工具将地理事物、地理现象及地理过程，以简练的笔法描绘而成的一种黑板画。这种板画虽然没有照片逼真，但却能突出地理事物和地理现象的本质特征，表达出地理过程特点，能够使学生获得地理事物或现象的具体形象，有利于揭示地理事物之间的内在联系，帮助学生形成明确的地理概念，化繁为简、化难为易，反映出地理事物的发展变化过程。图 2 - 4 为笔者自绘的温带沙漠板画。

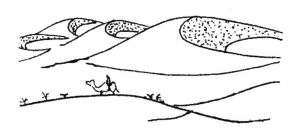

图 2 - 4　温带沙漠板画

第二节　图式理论与"三板"教学再思考

一、"三板"教学的缺陷

虽然地理板书、板图、板画"三板"教学方法有不少优点，但也存在一些缺陷。首先，在处理信息比较多的复杂图形上，有些力不从心。因为复杂图形涉及的地理要素比较多，如果随意删减，很难展现地理事物的本来面目，一节课的时间有限，教师的"三板"艺术水平再高，也很难在较短的时间内将图形准确无误地展示在黑板上。教师长时间书写很可能会浪费宝贵的课堂时间，影响教学任务的完成。目前多媒体教学资源极为丰富，很多图像信息很容易找到，省时省力。所以，单一"三板"教学方式已不能满足现代地理教学的需求。其次，地理板书、板图、板画难以保存。"三板"教学艺术在很大程度上体现了教师的教学基本功。但现在的教学用具已经发生了很大变化，很多学校都没有了黑板，取而代之的是各种多媒体以及水性笔，水性笔运笔显然没有粉笔灵活多样，而且板图、板画作为学习的资源难以长时间保存。有时候教师画完以后，学生照着样子临摹到笔记本上，教学行为上有些重复。最后，现在的青年教师很多没有受过绘画基本功训练，作图、绘图能力不高，甚至出现错误，容易给学生造成误导。

但是，在地理教学中，"三板"艺术仍然受到很多教师的青睐。毕竟地理事物、现象和规律具有很强的空间属性，如果教师在地理课堂上以说代写，学生在理解上会有一定的困难。

二、"多媒体 + '三板'"，促进图式的形成

利用多媒体呈现复杂的图形，或者用动画、视频让图像动起来，充分调动学生视觉、听觉等不同的感官刺激，有利于加强对地理重难点知识的理解与掌握。多媒体课件可以长期保存，在以后的教学及复习中，只需稍加修改便可以再次利用，从而可以减少教师在教学工作中的重复性劳动，减轻教师的工作量，提高教学效率。而且，多媒体图像素材，尤其是地图等素材比"三板"艺术具有更好的科学性。比如在"大气"部分教学中，将诸如东亚等区域地图用多媒体展示，教师在黑板上绘制区域简图，在板图上用关键词标注重点内容，既节省时间，又提高了教学效率。还可以在多媒体课件的投影图上直接用记号笔绘制重要的地理要素并保存，可以省略大量绘图的时间。做到讲画同步，有利于突出重难点和培养学生的观察能力与地理思维能力。这种方法尤其适用于对地理规律、特征的形成以及地理原理类问题的分解式讲解和分析，如热力环流的形成过程、三圈环流的形成、地壳内部的物质循环等。将地理事物发展、演变过程通过"多媒体 + '三板'"的方式呈现，使地理思维过程可视化，有助于学生综合思维能力的提

升。从图式理论上来看，图像的生成过程，可以促进认知图式的同化和精制，为学生再现已有知识提供线索，为形成新的认知图式提供了信息。在讲画结合的过程中，启发学生运用已有图式去理解"画"中的地理内涵，建构新的图式，有利于提高学生综合思维能力，有助于学生构建地理事物的空间位置、空间联系和分布规律，提高区域认知能力。

第三章 指向"三维目标"的高中地理图式教学

如前所述，图式理论是现代认知心理学用以研究人脑中大块有组织的系统知识的表征与储存、提取与运用的一种重要理论。图式通常是那些大块的有主题、有组织的知识系统的表征。图式犹如一个围绕某主题组织起来的、能解决某类问题的带有认知框架的信息包，在如何高效学习及解决问题备受关注的当代，图式理论正日益成为提高学习和教学效果不可缺少的工具。

而运用各种地理图像、图表的变化和组合，发展学生的综合思维能力，形成和丰富学生的地理认知图式，帮助学生提升发现问题和解决问题的能力，是地理教育教学实践活动的显著特点。严格来说，图式理论的图式（Schema）与图形语言的图形（Graphic）或图像（Image）等图式是不同的概念。图式理论中的图式，属于认知心理学的范畴。而图像、图表等图形语言的图式，又可称之为图示，是表象思维的范畴，属于可视化（Visualization）的表达工具。笔者经研究发现，基于中学地理教育教学实践特点，很多地理教师并未对此做严格区分，鉴于本书读者主要是中学地理师生，笔者也笼统地用"图式"概括，除非特别说明。因此，图式教学是用图式的形式进行表象思维，使思维图像化、知识结构化的教学。运用图式教学方法可以帮助学生构建多种类型的图式，更好地掌握地理学习的基本方法和技能，促进学生全面发展。

从 2004 年 9 月开始，在我国部分省份试点了高中新课程及新高考改革方案，其中心点或特点就是新课程、新理念、新高考。在这一轮新课程改革中，提出了"三维目标"的概念，所谓三维目标是指在教育教学过程中应该达到的三个目标维度，即知识与技能、过程与方法、情感态度与价值观。三维目标是一个教学目标的三个方面，而不是三个独立的教学目标，它们是统一的、不可分割的整体。从2004年至今，在十几年的高中新课程改革中，不断有地理教师尝试图式理论在达成高中地理三维目标中的应用。图式教学的目标也从"双基"指向了"三维目标"。本章主要内容选自笔者十几年前的硕士论文《高中地理图式教学方法实践研究》及指向"三维目标"的高中地理教学实践探索案例。为尊重历史，所选案例的教材章节均为当时使用的教材版本，跟现有教材章节内容有较大出入。由于当时个人研究水平的局限，有些观点现在看来有些传统或陈旧，特此说明。

第一节　认知科学视角的高中地理图像系统

一、图形语言与图像系统

环境中的各种图片、图像、视频等信息，直接在个体大脑中产生刺激，形成对地理环境的基本表象。因此，各种图片、图像就构成了不同于文字语言的图形语言。图形语言有利于人们对地理景观和图像的视觉感知、对地理事物的直接触觉感知，能够提升地理空间信息输入和加工能力。

对图形语言的重要性，人们认识由来已久。唐代书画家张彦远在《历代名画记》卷一《叙画之源流》里就引载了颜光禄（颜延之）的定义："图载之意有三：一曰图理，卦象是也；二曰图识，字学是也；三曰图形，绘画是也。"这些语言展示了中国古人对"图"艺术的认识，其含义包括了三个层面：图，可以绘形，又可释读，还可说理。

在西方传统的范围里，图形的英文名称"Graphic"源于拉丁文"Graphis"，"Graphic"在翻译成中文时，有的称为"匠意"，最普遍也是最公认的看法是"图形"。综上所述，"Graphic"或者"图形"是指图形语言以及语言下面所蕴含的内在概念。

16世纪，捷克教育家夸美纽斯第一个建议将图片应用于地理等课程之中。他认为图片可以训练人的感官，具有完善人的天性的能力。人们生活在自然环境中，人类的感官直接感知来自地理环境的各种地理信息，通过空间视知觉将神经系统对地理事物的位置、距离、面积、方位、分布等影像信息进行扫描采集和简单加工，是形成和丰富地理认知图式的基础和源泉。

从认知视角上看，图形语言就是一门培养学生将"物"发展成"图"，帮助学生掌握图形创造的基本方法和规律，了解图形创造的形式语言。图形语言同文字语言比较，最大的特点是形象直观，既可表示各事物和现象的空间位置与相互关系，反映其质量特征与数量差异，又能表示各事物和现象在空间和时间中的动态变化。用图形来表达事物、记录事物、传播信息，是图画最原始、最基本的功能。它不受地域、国家、民族和文化程度制约，是一种能够比较通俗地进行信息传递的超级语言。

我们知道，思维是借助于一种更加合适的媒介、视觉意象进行的，而语言之所以对创造性思维有所帮助，就在于它能在思维展开时把这种意象提供出来。通过语词意象的视觉经验和图形想象，思维方式就有可能被二维或三维的图形语言方式激活为一种具有促进思维本体发展的创造特质。解构与重组、嫁接与融合、悖论与歧义、共生图形、寓意、幽默、蒙太奇等都是图形语言的创意手法。正如莎士比亚所描述的：

有时我们看见天上的云像一条龙；

有时雾气会化成一只熊、一头狮子的形状；

有时像一座高耸的城堡、一座突兀的危崖、一堆雄峙的山峰，

或是一道树木葱茏的青色海岬，

俯瞰尘寰，用种种虚无的景色戏弄我们的眼睛。

——莎士比亚《安东尼与克莉奥佩特拉》

　　地理学科的表述有别于其他大多数学科，文字只能恰当地表达地理概念和观念的一部分，但不易清楚地表达空间的概念。图形语言作为目前世界公认的人际交流三大语言工具之一，它是以图示、图形的方式传递信息，与自然语言和数学语言相比，图形语言在传递空间、环境信息方面占有绝对优势。

　　翻开地理教材，给人的第一感受是图文并茂，众多的教材插图加上配套精美的地图册，可以说地理图像、图表成为新教材中最基本的特色。地理教材图像系统是地理教材的重要组成部分，在地理教学中起着不可替代的作用。从类型上看，地理教材中图像、图表包括地图、景观图、示意图和统计图表等各种类型，它们和地图册以及其他可视性图像图表材料一起，共同构成了高中地理教学中的图形系统，这些以地图为主的多种地理图式内容，内涵极其丰富，是大量纷繁复杂的地理信息的重要载体，它们以特有的图形语言显示并传递多种地理信息，具有极强的空间性、整体性和综合性。因此，在地理教学中，要充分利用各种地图、图表、照片、图片等图形语言来表达地理事物的分布、原理等知识。图3-1为地理图像系统图式。

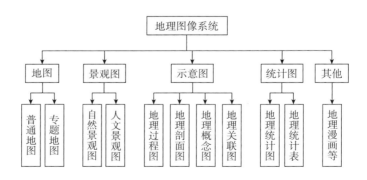

图3-1　地理图像系统图式（笔者自绘）

二、图式教学资源观

1. 树立开放性图式教学资源观

地理教材图文并茂，众多的教材插图以及配套精美的地图册，是重要的图式教学资源。除此之外，日益丰富的各种视频图像资料、日新月异的地理图像系统，手机、相机、电视、计算机的普及，人们接触到的图像资源也日益丰富。

地理学是一门研究地理环境以及人类活动与地理环境相互关系的科学，综合性、地域性、开放性和实践性是其重要特点。地理学的开放性体现在研究手段和研究过程的开放性，更体现在获取地理信息的开放性。掌握地理学习的基本方法，学会地理思维，探究地理问题的基本过程和手段，这些都离不开生活实践和网络信息提供的大量地理图像资源。因此，利用地理图册等图像资源的时代性、开放性特征，与时俱进，丰富和完善图式教学资源，是开展图式教学的重要前提。

2. 运用地理图式，对图像资源进行科学性解读

通过地理教学实践可知，图式教学资源除了注重开放性以外，从学生图式认知规律进行解读，让图像资源符合科学性特征，是开展图式教学的另一前提。在地理新课程教学实践中，运用图式教学方法对图式教学资源进行科学性解读，是促进学生地理概念、特征、规律等原理性知识的形成和发展的重要路径。

3. 图式教学资源的利用要注意历史延续性

初中区域地理知识的薄弱已经成为高中地理教学的一大障碍。在高中地理课堂教学、作业布置等方面，需要有意识地补充义务教育阶段区域地理基础图式。比如区域可持续发展部分的教学，以及利用寒暑假期作业，有意识地增加区域地理基础图式的复习，让学生回忆、再现以及拓展区域地理基础图式，是提升高中地理教学效果的重要途径。

三、认知图式与图像系统

1975 年，美国心理学家佩维奥提出长时记忆中的双重编码理论。他认为长

时记忆可分为相平行又相联系的两个认知系统，即表象系统和语义系统。表象系统以表象代码来储存信息，语义系统则以语义代码来储存信息。由于人的视觉表象特别发达，表象系统可以由有关刺激所激活。而语义代码则是一种抽象的意义表征，一些离散的材料由于有了意义上的联系而被组织起来，使记忆变得相对容易。佩维奥同时还假定，存在两种不同的表征单元：适用于心理映像的"图像单元"和适用于语言实体的"语言单元"。前者是根据部分与整体的关系组织的，而后者则是根据联想与层级组织的。佩维奥还论证了图像系统中包含能够帮助学习者建立语言符号和图片符号的编码，能够加强学习者对知识的理解。因此，图像系统能够帮助学生集中注意力、加强学生的地理信息的学习、促进地理及相关学科知识的联系、提高学生的学习满足感。

1. 图像系统与地理认知表象

表象是心理学的重要概念之一，研究地理表象的形成为构建地理认知图式与地理图式教学之间架起了桥梁。地理图式教学为建构学生丰富的地理表象提供手段，地理表象的丰富和完善也为地理基本图式和扩展图式的形成提供坚实的基础。

地理知识信息包括图形图像语言的表象信息和语言文字信息。地理表象信息又可以分为景观和图表等提供的视觉表象、声音等听觉表象、表面粗糙程度等触觉表象以及嗅觉表象。就地理教学而言，重点是对具体地理事物形态和动态过程的视觉表象。个体通过视觉感知具体地理事物或影像信息，这些地理事物就通过各种联结关系被同化、联结到个体原有的认知结构当中，形成表象记忆，并在此基础上参与地理概括、判断、推理等过程。外界的地理信息刺激个体大脑，认知结构就会进行选择性输出，使地理事物浮现在大脑里，形成地理表象。表象参与了问题解决的过程，是实践操作的比照。表象参与想象的过程，是形成新事物、新理论的先导。正确的地理表象的形成是学生理解地理知识，发展空间形象思维的基础。而地理表象又因其学科的特殊性可按其表现形式分为景观表象和地图表象。

景观表象表现的是地理事物实际面貌，可以通过直接观察获得，如野外考察、实地调查，也可以通过间接观察获取，比如看录像、图片、电影、模型等。

地图表象是由阅读地图而形成的表象。把地图上有关地理事物的外形轮廓及外在特征在头脑中形成记忆和印象。如一提到长江，脑海中就会浮现出长江干流河道的图形，即上游的"V"形和中下游的"W"形；一提到黄河，脑海中就浮现出小"S"加大"几"字形，这是黄河干流河道在地图上的大致形状；上海、武汉、重庆、宜宾、攀枝花等城市均位于长江干流（包括金沙江）与其支流的交汇处，一提起这些城市，脑中就应该出现长江干流（包括金沙江）与黄浦江、汉江、嘉陵江、岷江、雅砻江交汇的位置表象。

地理表象之间可以进行转换。在地理学习中，直观的景观表象和地图符号组成的地图、原理图等表象之间可以进行信息的转化。

2. 图像系统与地理认知能力

地理认知思维是人脑对地理现象和事物概括的、间接的反映。地理抽象思维就是运用分析、综合、抽象、概括、归纳、演绎等方法，运用地理概念系统进行信息加工的一种认知方式。它具有抽象性、逻辑性等特点。而地理形象思维就是运用分解与组合、类比与形象概括、联想、想象等方法，对已有的表象和图形进行加工处理，用语言、图形和艺术形式表达地理思维结果的一种认知方式。地理形象思维也具有思维的基本属性——概括性和间接性。其形象性和概括性统一的最典型例子就是地图。因为地图实际上就是一个按比例压缩的客观世界的模型。地图上所负载的信息就是人们对地理事物的特征和内在规律的认识。它在传递空间和环境信息方面比单纯的语言更准确，具有形象性、整体性和概括性的特点。

因此，利用各种地理图像的相互配合、联系及变化的图式教学方法，做到图文的高度结合，有利于学生地理表象的形成和地理思维，尤其是空间思维能力的培养，可以整体提高学生的学习效果。在地理教学中，地理概括性原理图与地理景观图之间可以寻找两者的适配联系，促使学生在这两种表象信息之间进行转换，从而更好地理解地理原理。

此外，还有地理语言信息与图形信息之间进行的转换；地理平面二维信息与球体三维信息之间进行转换；图形视角的不同变化进行地理表象信息之间的转换；表象的分解与实际地理表象信息之间的转换；不同的空间尺度下，地理表象之间的转换；行星风系、季风、台风、海陆风等的转换；等等。

从单一的地理图形表象向变式图形表象信息之间进行转换，也就是前述瑞典教育家马登的现象图式教学理论。马登理论指出，首先，学习就是特征鉴别的过程。从学习对象中鉴别出一些主要的特征，并将注意力聚焦于这些特征上的过程。其次，学习的鉴别过程依赖于对学习对象差异的认识。将不同的事物如背斜、向斜构造模型放在一起，学生能够辨别出两者的差异，而且鉴别出的差异越多，说明学习者对地理事物的特征理解越到位。最后，设计变式练习，可以培养学生多角度提出问题和分析问题的能力。因为未来的社会具有多种不确定性，在地理教学中不断地变换问题的条件、结论的形式和内容，可以为学生解决未来变异的问题做好准备。

3. 图像系统与地理空间想象力

空间想象力包括空间方位的想象力、三维立体空间的想象力和运动变化过程等。如黄赤交角若增大为 30° 或减小为 15° 时，太阳直射点和昼夜长短将如何变化？五带的范围将有什么变化？科学家魏格纳就是在丰富知识和不断实践的基础上对着世界地图"忽发奇想"从而提出著名的大陆漂移学说的。

因此，在图式教学中，应扩大学生头脑中记忆表象的数量，充分储备有关表象。表象积累越丰富，联想和想象就越生动、丰富。教师要尽量利用地图、板图、板画、模型、标本、投影片、幻灯片、电脑、实验演示等多种教学方法和手段，为学生提供信息，帮助学生储备表象。同时，除了利用课堂中所能提供的教学手段外，教师还可以指导学生阅读一些相关的杂志，例如《地理教学》《中学地理教学参考》《地理教育》《中国国家地理》等。观看电视台的《新闻联播》《世界各地》《人与自然》《动物世界》等节目，观看科教片或电影纪录片等，引导学生观察身边的地理事物和现象，积累素材。只有学生在储备丰富的表象之后，才能利用有关表象进行生动的联想和想象，从而更好地培养空间思维能力。

地理空间思维能力的培养也有心理学上的依据。美国心理学家巴格斯基等认为人们对信息的储存，是将外界的视觉材料和言语的信息材料都转化为表象储存在记忆中，并且人们可以在头脑中对表象的材料进行操作，而这种操作类似于在现实中对具体事物的操作，如地球昼夜长短的变化规律。一般而言，学生对此很难精准地掌握，需要教师不断地引导学生注意每一个细节，如北极圈内的昼夜长短的变化，极点的昼夜长短变化，赤道、南北回归线之间的昼夜长短变化等，才能比较全面地掌握地球上昼夜长短的变化规律。这个过程也是地理空间想象力的培养过程。

4. 图像系统与空间思维能力培养

20世纪30年代，海德格尔等已经敏锐地感觉到图像的重要价值。20世纪60年代以来，人类越来越重视"视觉文化"，我们的生活环境充斥着大量的影视、图片等视觉图像。作为阅读符号的语言转变为视觉符号的图像，包括校园文化在内，教科书等有大量的图文并茂的设计，"图像化"的教科书已经成为常态。

用图形来表述事物、记录事物、传播信息属于图像最原始、最基本的功能。用图形传情达意、记录和表述事物，在很多时候比文字语言更为简洁明了。

思维是借助于一种更加适合的媒介、视觉意象进行的，语言之所以对创造性思维有所帮助，就在于它能在思维展开时把这种意象提供出来。通过语词意象的视觉经验和图形想象，思维方式就有可能被二维或三维的图形语言方式激活为一种具有促进思维本体发展的创造特质。

联想是图形思维的重要形式。所谓联想就是由一种事物或概念而想起别的事物或概念，也可以由一种观念想到另一种观念。联想说是18世纪英国唯心主义经验论心理学思想的主要代表乔治·贝克莱的主要方法。贝克莱在否认了客观世界而把经验说成唯一存在的时候，常常用联想的原理来说明各种心理现象的形成过程。他认为人的观念有三种：一是由感觉直接得到的观念；二是由内心的情感和作用（自我反省）而感知的观念；三是借助于记忆和想象而形成的观念。这三种观念的形成，都是和联想分不开的。联想是感性形象对思维过程渗透的一种运动方式，由表象而生联想达于想象。在这一思维过程中，它受到逻辑的制约，反过来又常常受到联想的支持。在地理思维中，联想可以将性质不同、距离甚远、差距极大的内容，根据某种内在联系来统筹考虑。思维科学中的接近律、相似律、因果律、对比律都是联想的内在关系，联想就是在这个基础上产生的综合作用。联想的通道纵横交错、融会贯通，有时把相似的东西联系在一起，产生新的关系和新的意象，促进我们的思维向多处延伸。这是地理想象力培养的重要途径。当然，由一种事物推导出另一种事物，由一种意义启发出另一种意义，还与学习者自身的经验积累、生活阅历以及知识基础等有关。联想的方式有形象联想和概念联想。形象联想，即由一种相似、相近或某一角度的形态引发的对原有形象的想象。比如由光照图的侧视图、局部图到对整体地球光照情况的想象。由一种概念推演出相关物，比如三伏天，想象出副热带高压控制，晴朗无云的天气，则为概念联想。

培养空间思维的主要图式教学方法：

第一，运用各种地理图像、图表的变化和组合，培养学生分解、组合、对比的思维方法。这些思维方法是地理空间思维的基本方法，揭示事物内在联系与规律。利用各种地理图像的相互配合、联系及变化是发展空间思维的有利因素。通过地理图像中方向的变化，位置的变化，高度的变化，整体与局部的变化，单一与综合的变化，时间与季节的变化，静态到动态的变化，空间分布规律与联系，"点""线""面"的结合等方面来培养学生掌握地理空间思维的方法。这些空间思维方法既包含了形象思维的内容，也隐含了抽象思维的因素，还含有多端思维、开放性思维和发散性思维的因素，而创造性思维正是在这些思维方法的基础上逐步形成和发展的。

第二，利用地理事物与地理现象彼此相关性的特点，运用图式教学方法，引导和发展学生类比、联想的空间思维。这方面的实例在图式教学中屡见不鲜，关键是及时抓住并有意识地进行引导和训练，形成思维变化的习惯。例如，在以北极为中心的地图上了解北极区方位、经纬网、海陆分布、气候特征以及生物群落等情况后，再观察南极地图，了解两极地区的相似和区别。又如冷锋和暖锋、气旋与反气旋、褶皱与断层等的图式类比法。图3-2为亚洲季风中东亚季风和南亚季风成因的图式类比。

由于许多地理事物和地理现象之间是相互联系和相互影响的，因此在地理图式教学过程中的许多时候需要学生进行联想。比如等高线、等深线、等温线、等降水量线、等压线等都属于等值线一类，它们分别表示不同的地理要素内容，但绘制的基本原理及特征又是相同的，其变化规律和判读方法也基本相同，均可以从各种等值线的数值、走向、密度、形态等方面进行联想、分析、判读。例如，在地形图上读出某地海拔很高，就应联想到该地气候的特征应比同纬度海拔较低的地区气温低。再如北印度洋季风洋流呈顺时针环流时，就应联想到东亚和南亚正值雨季，而地中海沿岸地区则为旱季。

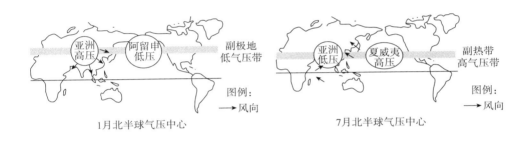

图 3 - 2 亚洲季风成因图式类比

5. 高中生地理图式学习的心理特征

正确认识高中学生地理图式学习的心理特征，是在地理教学中发挥图式教学方法效果的前提。

认知心理学研究表明，学习存在年龄维度上的发展序列，这一序列是动态的，不是稳定的。随着年龄的增长，学习会发生规律性的变化，具体表现为某一年龄段学生在地理学习过程中的认知品质大致是相近的。因此，高中生地理图式学习的心理特征有一些共性。

虽然学生都希望尽可能多地直观感受地理事物，如在教学上多使用挂图、录像、照片等，但高中生的兴趣已不再停留在地理图式学习的"新、奇、乐"上，而表现出要求增加地理图式学习的实践性、应用性，所以在高中地理图式教学中应注重培养学生的综合能力。

根据对一些高二学生的调查表明，虽然高一地理课已结束半年多，但他们中间有 3/4 以上的学生，对地球自转与公转、气候类型的空间分布、东亚季风等内容记忆犹新，由此看出他们的空间观念比较牢固。因此，开展高中地理图式教学，注重学生空间感知能力的培养，将地理表象引向一定的深度和广度，着力发展空间思维能力，提高学生的读图、读表能力，在学习中突出图式信息的发掘和利用、分析和综合能力，从而从整体上把握地理事物相互组成的空间联系。高中生的创造意识更加强烈，对教师、教材中的观点常持怀疑、批判的态度，喜欢提出自己的见解，所以运用图式教学方法，增强图式思维品质的综合性与深刻性，提高学生的空间概念、判断、推理能力，初步具备对复杂事物的分析、综合能力，对于学生将来深造及适应社会对空间思维能力的需求具有重要的意义。

第二节　学习动机与图式教学方法

学习动机是指直接推动学生进行学习的一种内部动力，比如对地理学科知识价值的认识、对地理学习的直接兴趣、对自身学习地理能力的认知以及对地理学习成绩的归因等。如何运用图式教学方法激发学生的学习兴趣、调动学生学习地理的积极性呢？笔者曾做了一个简单的对比实验。

案例：运用图式法　上好第一堂课

在教育教学中我们都有这样的体验：在节日假期以后，尤其是寒暑假这些长假过后的头几天里，普遍感觉到学生无法安心为新学期的学习做准备。上课倦怠情绪严重，昏昏欲睡，效率低下。这就是所谓"节后综合征"的典型表现。是否可以运用图式教学方法有效地解决这个问题，尽快调整学生的状态，笔者做了一个对比实验。

一、实验过程

1. 总体设计

笔者带了 5 个班级,开学第一天就要上 3 个班的课。课前把"人口增长模式及地区分布"部分的学习要点用幻灯片做成可答性很强的自学提纲,又准备了以选择和填空形式出现的课堂测验题。总体教学设计是:先要求学生在 10 分钟内按提纲快速阅读"人口增长模式及地区分布"相关内容,然后笔者再运用幻灯片讲授;讲授基本是按提纲顺序,中间穿插进行提问;课堂小结后,用 10 分钟左右的时间当堂测验,检查教学效果。

2. 控制变量

为了能获得学生对注意和测验刺激的不同反应,增强可比性,笔者在教学环境设计基本相同的情况下,又对 3 个班级分别赋予不同的条件:提前将学习提纲课件拷贝在一(1)班教室的电脑中,让该班学生根据提纲先预习,并说明课后要当堂测验;一(2)班的学生没有提前得到提纲课件,而是上课时直接根据提纲讲授,但课前向学生说明课后要当堂进行测验;一(3)班的学生提前得到提纲并让其预习,事先不向学生说明有测验,但课后就当堂测验。

3. 实验结果

测验结果如表 3 – 1 所示。

表 3 – 1 三个班级的学生测验成绩

班级、人数　　　　分数段	80~100分	60~79分	40~59分	39分以下	及格率(%)	优良率(%)
一(1)班 51 人	49	2	0	0	100	96
一(2)班 50 人	21	18	8	3	78	42
一(3)班 47 人	29	15	3	0	94	62

从测验的成绩看,(2)班学生的及格率和优良率最低,(1)班的及格率是 100%,优良率达 96%,(3)班成绩要好于(2)班。为什么呢?原来(2)班

未给提纲预习，虽然学生有测验的刺激，但是在复习时抓不住要点，听讲时对要点也未引起注意，所以其及格率和优良率最低。（3）班有提纲但无测验刺激，成绩却比（2）班好，说明提纲的指向性引起了学生对要点的注意，同时也证明了只给提纲指向不给测验刺激要比只给测验刺激而不给提纲指向的教学效果要好。（1）班的成绩最好就充分体现了既给测验刺激又给提纲指向的教学效果最好。

二、实验结论

由以上简单的对比实验可以归纳出以下三点结论：

第一，带纲预习作为导向，以信息刺激较强部分呈现而引起学生的注意，使学生能抓住学习要点，预习时如碰到疑点又能在老师的讲解过程中提高注意力，再加上有测验的刺激，在课堂讲授中更会提高听课质量。

第二，当堂测验也是稳定学生注意的一种有效手段。从（1）班与（3）班的成绩比较来看，同样给提纲，实施同样的教学手段，优良率却有较大的差别，说明测验对学生是种压力，这种适当的压力在一定的环境下可转为注意的稳定性，可促进学生把获得的信息经过加工后储存进自己的记忆库。

第三，整个教学转换过程：带纲预习—讲解（用了幻灯片展示、提问）—小结—测验，其实也是一个地理学习的信息加工过程。这种教学过程运用得法，有助于集中学生注意力，有利于知识的理解和巩固。

可见依据注意规律，运用图式教学方法，可以有效地排除所谓"节后综合征"的干扰，提高学生的注意力，进而大大提高教学效果。

第三节　　地理原理性知识的图式教学方法

图式，作为一种结构框架，将所学的内容绘制成便于记忆的画面，有利于提高学习效率。在上一轮基础教育改革中，图式教学方法便被用来设计并达成高中地理三维目标，取得了一定的成效。图式法教学，就是通过知识结构化，把地理知识与技能按照层次结合传递到人们头脑中以储存信息，具有等级层次的一种教学方法。在图式法教学过程中，找到学生认知网络的"结合点"，充分利用已有的信息，通过分析、综合、比较、分类、抽象、概括、类比、归纳等方式进行重新组合，通过图式把主要内容概括起来，并揭示它们之间的内在关系，为纵深发展学生的地理思维打下基础。图式教学法遵循了教学是教与学的双边活动的规律，变传统的"教师中心"为师生的"共同活动"，体现了学生的学习需求，教师不再单纯是知识的传授者，也是课堂教学活动的组织者、控制者和交际合作者。学生从知识接受者转变为参与者、合作者，学生的学习积极性和主动性被调动起来。因此，图式教学方法在促进知识与技能、过程与方法、情感态度与价值观的形成方面具有重要作用。图式教学方法对于学生概括能力和抽象逻辑思维能力的发展，尤其是原理性知识的形成方面具有明显的促进作用。

地理概念、特征、成因、规律等是关于"为什么""如何做"的知识，被称为地理原理性知识或地理程序性知识，运用图式教学方法可以更好地帮助学生理解地理原理。

一、地理概念的图式教学方法与案例

地理概念是地理事物、现象或地理演变过程的本质属性在人脑中的反映，它是把许多地理事物的具体特征加以分析、综合、比较、抽象、概括而形成的。利用图像、图表的教学方法可以更好地促进学生形成地理概念。具体方法如下：

1. 将生活实践中的图式经验升华为地理概念

学生在学习地理之前，在日常生活中已经形成了一些地理概念。如关于陆地水中的地表水与地下水的概念：平时看到的河流、池塘等，通过教学活动的精加工，学生知道这些都属于地表水，再通过有关图像、图表教学，知道地表水还包括其他的类型，如冰川、沼泽等。学生往往难以区分井水是潜水补给还是承压水补给。针对井水不同补给类型进行图解，学生就比较容易加以区别。

2. 通过图式类比，理解地理概念

如在背斜与向斜概念教学中，首先让学生观察背斜与向斜的模型，然后让学生分别描述它们的外部形态特征和岩层的新老关系，从而在类比中掌握背斜与向斜概念。依靠类比图式的思维活动，让学生通过直接接触到大量的同类事物的图像、图表（如模型、动画等）实例，从而可以形成有关的地理概念。

3. 图式归纳，逐步掌握地理概念

由于地理概念分为一般地理概念和单独地理概念，因此在图式教学中，采取图式归纳法，让学生先观察属于一般地理概念外延的一系列具有代表性的单独的具体地理事物、概念，再进行比较概括，从而归纳出一般地理概念的本质属性。

如在学习地质作用时，先要掌握内力作用、外力作用的概念，通过先观察有关内力、外力作用的各种表现形态，如火山喷发、泥石流、沙丘、三角洲等地貌景观图片，从而形成清晰、完整的地理表象，再总结、归纳，学生才能领会内力作用、外力作用的概念，进而可以理解地质作用的概念。

4. 图式演绎，形成地理概念

对某些概念，学生可以理解，但要真正地掌握，需要进一步地演绎。

如关于地球自转与公转的概念，运用地球仪可以说明，但对于其方向、周期、速度等内容，学生常常难以形成相应的地理表象，在图式教学中，就需要对方向、周期的速度作进一步演绎，从不同角度如"自西向东""北极上空俯视为逆时针、南极上空俯视为顺时针"以及"自转方向与经纬度的关系"等不同侧面去演绎、说明地球自转的方向问题，才能真正让学生形成全面、清晰的地理表象，为形成形象思维打下基础。图3－3为地球侧视光照图式演绎。

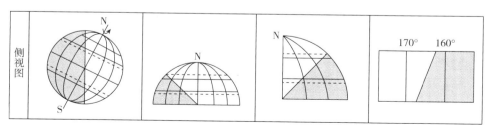

图3－3　地球侧视光照图演绎图解（笔者自绘）

5. 图式练习，检验和巩固地理概念的掌握程度

学生对概念是否真正领会，要及时通过练习来巩固、检验和运用。如学生对于"地中海气候"的理解，通过对气候类型分布图的讲解，学生对地中海气候的分布规律、成因、分布地区等有了一定的理解和掌握，但并不代表他们对此知识点掌握透彻。设计一些由各月气温、降水数据表格或各月降水柱状图和气温曲线图组成的图表式习题，学生通过做习题可检验出在学习此知识点中存在的问题，进而分析原因，从而便于概念的形成。

二、地理特征的图式教学方法与案例

地理特征是指对地理事物概貌的整体概括，它能起到提纲挈领的作用。由于地理特征也是从地理表象、地理事实概括出来的，因而它属于地理原理性知识的范畴。如我国冬、夏季气压分布特点，是通过对我国 1 月、7 月等压线的判读、研究而总结出来的。地理特征不能靠机械背记，而是需要通过理解来掌握。同时，地理特征在表述结构和表述方式上有一定的要求，需要在理解的基础上适当记忆与规范化的表达。用图式法有利于对地理特征更好地理解和掌握。

1. 图式分解，掌握地理特征的内涵

阅读有关图像、图表分析某种地理事物的特征时，一定要先弄清楚有关地理特征的内涵，如气候特征主要由气温和降水两大要素组成，水文特征主要由流量、流量的季节变化、结冰期等要素组成。所以在分析气温曲线与降水季节分配图判断气候特征时，应分别从气温、降水两方面入手；而在分析塔里木河的流量与气温关系图时，只有从流量的变化与气温的变化对应分析，才能找出有关特征。

2. 图式综合，归纳出地理特征

如在分析非洲的自然地理特征时，从非洲的气候类型分布图、地理位置和地形分布图中综合分析出非洲的自然地理特征为"炎热干燥"。

3. 运用图式分析地理特征

要注意引导学生从地理图像、图表中分析和归纳出地理特征。例如，讲授中

国降水的特征，就要通过引导学生观察中国年降水量分布图，分析归纳出我国降水自东南沿海向西北内陆递减的特征；通过引导学生观察哈尔滨、北京、武汉、广州四城市降水柱状图，分析归纳出我国降水多集中在夏秋季。

4. 在图式比较中概括地理特征

在分析区域地理特征时，要注意充分运用图式比较的方法，通过比较分析得出区域地理特征。例如，南方地区的地理特征可以同北方地区进行比较；西北内陆地区的地理特征可以同东部季风区进行比较；英国的地理特征可以同日本进行比较等。通过用图表比较分析得出的区域地理特征，往往能够给学生留下较为深刻的印象。

5. 建构图式，自我发现、总结地理特征

不同的人可能对同一事物会有不同的特征概括与表述，应加强教师对学生的具体指导和技巧的训练，帮助学生提高概括地理特征的能力。要善于找到隐含的地理特征；学会弄清地理特征表述的基本框架，在脑中建立结构图式；注意图文结合；学会使用概括力强的语句或词语；师生之间、学生之间进行交流，相互学习，共同进步。如在阅读"世界能源消费结构的变化统计图"时，应概括出"煤炭下降、油气上升"的变化特征以及"石油为第一能源"的现代特征和"核能为21世纪的主要能源"的发展特征。

6. 运用特征图式，解决实际问题

理解和掌握地理特征的目的是为了能解决实际问题。根据图3-4可以分步推进，解决应用问题：

图3-4 地理特征知识运用的分步推进图式（笔者自绘）

例如，让学生阅读"中国森林覆盖率与世界一些国家森林覆盖率对比统计图"，用学过的我国森林资源特征中的一句话去归纳统计图中所反映的地理事实；

从"我国水资源的空间分布不均"的特点说明我国"南水北调"工程的必要性；而关于有实际意义的地理问题，应多角度地运用地理特征知识进行综合分析，如组织学生对学过的关于中国地形、气候、河流、资源、人口、经济、环境等方面的地理特征知识加以检索与调用，分析我国西部大开发中的有关问题等。这样联系实际、综合思维，可以大大提高学生的学习和理解能力。

三、地理成因的图式教学方法与案例

地理成因是地理原理范畴的核心知识，无论是地理现象、地理特征，还是地理规律，都有其内在的原因。正是由于这些地理原因的作用，出现了许许多多的地理事物和地理景观。

地理成因往往又是地理与相关知识有机融合的集合体，它表现的不仅是地理知识，而且还涉及历史、物理、生物、化学等学科的知识，如喀斯特地形的成因与化学知识有关，季风成因之一"海陆热力差异"中涉及的"热容量"概念属于物理知识。北美洲开发比南美洲晚，为什么却比南美洲发达？回答这一问题需要一定的历史知识才能比较完整地做出解释。

任何地理事象的分布与成因都有必然的联系。因此在教学过程中，通过对成因的探讨往往有助于对地理基础知识的掌握。针对教材中出现的有关成因的知识点，从成因入手，由复杂到分解，化深为浅，从易到难，坚持探讨，从而使学生由感性上升到理性，掌握地理事象的本质。

下面以旧人教版高中地理教材第六单元"人类的居住地与地理环境"为案例，谈谈地理成因的图式教学方法。

1. 教材分析

本单元主要包括了四个方面：聚落的形成、城市的区位、城市化、城市化进程中出现的问题。内容基本上反映了聚落的形成、分布、相互联系、发展进程、存在问题及其解决途径等方面。从聚落的两种基本形式来看，重点介绍了城市聚落，因为城市是聚落发展的高级形式，是社会进步的标志，是人类文明的结晶。教材突出了聚落与环境的关系——人地关系、城市的起源、形成、发

展受自然环境、生产环境、社会文化环境等多种因素的影响；乡村聚落同周围环境因素关系密切，而城市受区位因素的综合影响更大。本知识头绪繁多，但整体联系紧密，应加强对地理事物成因的理解，在教学中可采用形象直观的图式教学方法。

2. 运用图式，分析区位因素（学习重点）

城市的区位因素是本单元一个学习重点，若采用将教材中各知识点联系起来，分解成几个相对简单的成因加以探讨，就形成比较形象直观的图式（见图3－5）：

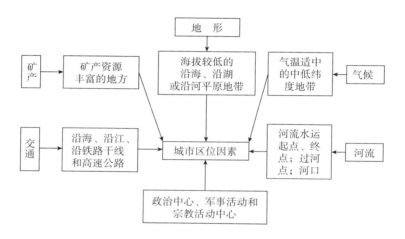

图3－5 城市区位因素图式（笔者自绘）

3. 运用图表分析事物的历史因素（学习难点）

可以利用图表分析事物的历史因素，表3－2是运用表格描写不同时期的城市特征。

表3－2 不同时期城市特征

	时　期	城市特征
城市的形成	原始社会向奴隶社会发展过程中出现	商业、手工业与农业分工，居民点产生分化，形成以农业为主的乡村和以商业、手工业为主的城市

续表

时　期		城市特征
城市的发展	封建社会（前期）	城市数目少，规模小，多分布在灌溉农业发达地区，为当地行政、宗教、商业或军事中心
	封建社会（后期）	城市进一步有所增长、发展
	工业革命以后，"二战"以前	大批农民涌入城市，城市人口以惊人的速度增加
	"二战"以后至今	城市人口比重不断提高，大城市不断涌现，出现超级城市以及城市带、城市群

4. 运用网络图式归纳因果联系

在分析城市化进程中的问题及其解决途径时，可根据因果联系，利用归纳知识网络图式的方法来学习（见图3-6）。

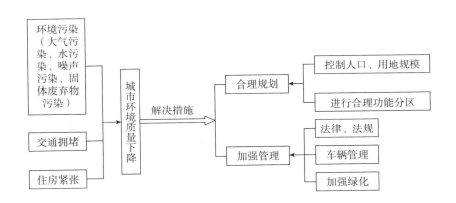

图3-6　城市化问题与解决措施图式归纳（笔者自绘）

5. 用图式练习测试巩固（略）

四、地理规律的图式教学方法与案例

1. 概述

地理规律是地理知识中最概括的理性内容，它是经过对无数地理现象的高度归纳而成的地理原理性知识。地理规律揭示了地理事物最本质的内核，说明了地理现象产生、出现、发展、变化的客观性与必然性。比如，赤道低气压带的南北两侧必然是信风带，这一必然性就是地理的规律性。

地理规律是以简洁的语词配以理想化的图式来表示的。例如，地球表面风带、气压带宽幅大小的确定和边界纬度划分都是比较复杂而困难的事情，在教材中以大量文字来描述，但"全球大气环流示意图"用极简洁的文字配以理想化的图式，表示得清清楚楚。其他如"世界洋流模式图""地壳物质循环简略图示""气候、植被和土壤分布模式图"等也是如此。

高中地理教材所涉及的地理规律，按其性质主要分为地理演变、地理分布、地理结构、人地关系等。如地球运动、大气环流、洋流运动、物质循环等规律属于地理演化方面的规律；"气候类型的分布""世界表层洋流的分布"等属于地理分布规律；"陆地环境各要素间的相互关系"为地理事物间的必然联系；而"人类社会与环境的相关模式"则为人地之间相互联系、相互制约的人地关系规律。

2. 地理规律的一般教学方法

地理规律又是地理知识中难度最高的内容之一，因为它往往包含了地理概念、地理特征、地理成因等知识，所以在教学的过程中要用多种思维方式让学生理解。例如，要对大气环境中气旋规律性知识有较深刻的认知，必须先知晓"气旋是低气压的气流状态"的概念，了解"气流向中心流动，北半球逆时针旋转，南半球顺时针旋转，中心气流上升"的原因，掌握"气旋引起多阴雨天气或台风天气"的特征。高中生对地理规律的接受能力较强，边讲边画出教材中"北半球低压（气旋）与高压（反气旋）的形成及其天气示意图"，结合图形，举例说明，学生一般就能理解。

3. 地理规律的图式教学方法

（1）图式分解法。

例如，上述"气旋"的学习，将教材中内容分解成如下步骤：第一步画出"一个闭合低压"图式，第二步加上"四个端点的气压梯度力"图式，第三步画出有四个端点风向的图式，这样就容易理解。

然后，可用图 3 - 7 引导学生用自己的语言去总结表述气旋形成过程，再用台风等实例来证实、加深对规律的认识。

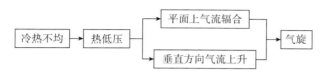

图 3 - 7　气旋分解图式（笔者自绘）

（2）图式归纳法。

所谓归纳法即是采取分类、整理、比较、推理的方法，揭示知识的内在联系，认知地理规律并获得新知的过程。

如层级图式归纳，在高中地理教材"大气的热状况与大气运动"部分，主要包括以下规律：

1）气温垂直分布规律。

2）地球表面的热量平衡规律。

3）气压带和风带的分布规律。

4）世界 1 月、7 月海平面等压线分布规律。

5）世界气候类型分布规律。

图式整理归纳法还可用于具体规律的归纳，如根据世界气候类型分布规律，分析亚洲、非洲、大洋洲的气候类型分布的大致规律：

1）亚洲气候类型复杂多样，东亚、南亚的季风气候显著。

2）非洲气候类型南北对称分布。

3）大洋洲气候类型呈半环状分布。

此类图式整理法可使规律明晰、有条理，避免知识支离破碎，便于学生分门别类系统掌握。

（3）结构图式法。

结构图式法是指以简单的符号、关键性语言，用形象化、象征化的结构图式形式，将丰富的地理知识信息加以分类、提炼、归并和总结。结构图式是思维的提炼和过滤的结果，能很好地揭示地理事物的本质属性，使抽象知识具体化、形象化，学生一目了然，规律凸显。比如有关太阳辐射、地面辐射、大气辐射、大气逆辐射的规律性知识，教材中的叙述若采取结构图式法，知识联系清晰可见（见图3-8）。

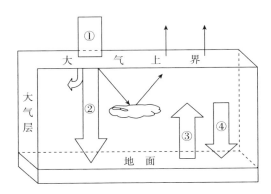

图3-8　关于太阳、大气、地面辐射的规律图式（笔者自绘）

（4）线型图式（轨迹图式）法。

线型图式法就是用箭头将地理规律，尤其是地理形成、演变、因果规律用一定图式表示出来。运用这种方法，条理清楚、定向速效，便于把握地理知识之间的内在联系和层次性（见图3-9）。

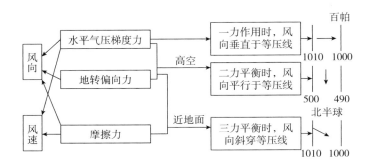

图3-9　风向、风速成因示意图式

（5）表格图式比较法。

将相近或相反的地理知识用表格图式的形式加以归纳对比分析，使其规律性更鲜明，使学生学会比较鉴别，找出区别和联系，比如世界洋流的空间分布、气旋与反气旋的活动、冷锋与暖锋天气变化、四种主要降水类型的形成、发展中国家与发达国家城市化进程等方面的规律，均可采用列表比较的图式，将其区别和联系一一展现出来。

（6）图式练习法。

在图式教学中应运用一定的图式练习方法来巩固、应用地理规律。

如下面这道图式练习题：

阅读海陆1月等温线图（见图3-10），判断①处是海洋还是陆地，并说明理由。

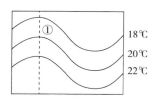

图3-10　海陆1月等温线示意图（笔者自绘）

此图式题看似简单，但要正确解答，必须能够灵活运用一系列相关的地理规律：第一步观察气温数值的排列，根据全球气温"由赤道向两极递减"的分布规律，推知该图所示的空间是北半球；第二步应用已知条件中的"1月"，推知该图表现的"时间"是冬季；第三步将①处气温与同纬度气温进行比较，根据等温线图上气温变化趋势的规律，可判断①处气温大于同纬度气温；第四步可根据"冬季海洋上的气温要比同纬度大陆上的气温高"的规律，可确定①处为海洋。这样通过不断运用地理规律的图式练习过程，学生能够熟练地解决问题，提高自己的知识应用水平。

当然，地理规律并不是到处适用、一成不变的"绝对真理"，在图式练习中，运用地理规律一定要注意灵活，从实际出发，避免把地理规律"绝对"化。同时，注重用多种图式练习来培养学生的创新思维能力。

第四节　教学设计与图式教学方法应用

所谓教学设计是指运用系统方法分析教学问题和确定教学目标，建立解决教学问题的策略方案、试行解决方案、评价试行结果和对方案进行修改的过程。

教学设计与教案不同，教案是具体教学方案，直接应用于课堂教学中，教案只体现教师教什么和学生学什么，不会体现教师为什么这样教、学生为什么这样学的教育理论依据。而教学设计是教案的进一步理论化，它并不直接应用于课堂教学实施，是一种具有理论性的教学指导方案。教学设计的内容或格式主要包括教学设计说明、课标要求及解读、教学内容分析（教材分析）、教学对象分析（学情分析）、教学目标、教学重点与难点、教学策略与方法选择、教学过程、板书设计以及教学反思（教学后记）等。

学科教学知识（Pedagogical Content Knowledge，PCK）概念是由舒尔曼首先提出来的，他认为教师用专业学科知识与教育学知识综合去理解特定主题的教学是如何组织、呈现以适应学生不同的兴趣与能力，就是学科教学知识（PCK）。后来，科克伦等从动态角度将舒尔曼的学科教学知识概念扩展为学科教学认知（Pedagogical Content Knowing，PCKg），并将其定义为"教师对一般教学法、学科内容、学生特征和学习情境等知识的综合理解"。地理教学设计需要整体把握地理学科内容知识、地理教学情境知识、地理教学法知识、关于学生的地理知识等，并运用于教学实践中，因此教学设计是中学地理教师形成学科教学认知的重要路径。下面是笔者的《不同规模城市服务功能的差异——以广东省为例》教学设计，在该教学设计中尝试应用图式教学方法。

案例：不同规模城市服务功能的差异——以广东省为例

【所需课时】1 课时

【课标要求及分析】

课标要求：

联系城市地域结构的有关理论，说明不同规模城市的服务功能的差异。

课标分析：

行为条件："联系城市地域结构有关理论"；行为动词："说明"；认知内容："不同规模城市服务功能的差异"。本标准要求的知识认知水平属于理解水平；技能认识水平属于迁移水平。需要注意的是中心地理论是城市地域结构研究的著名理论，可以作为学习从地理的角度解释城市地域结构的理论基础。但本条"标准"没有把"中心地理论"一词放于其中，说明在教学中，对这部分内容的处理应该"牵涉思想，不及理论"。因而，对于高中学生而言，可以采用深入浅出的方式涉及"中心地理论"，作为培养学生理性思维的机会。

【教材及学情分析】

教材内容分析：本节课的教学内容是在前面学习城市功能分区的基础上，从城市群体的角度来了解城市等级的划分和服务功能的差异。教材通过文字"阅读"材料，概述城市中心地理论的形成和特点。教材通过案例，说明不同规模城市服务功能的差异以及城市等级的提高和服务范围扩大需要的基本条件。

教材（中图版）与课标的对应关系

第一，教材通过"活动"，说明城市规模与城市地域结构的关系。

第二，教材通过"阅读""城市规模分布理论——中心地理论"材料，说明不同等级城市的空间分布规律。

第三，教材通过文字材料，概述我国城市等级划分的依据和标准。

第四，教材通过图文材料，说明不同规模城市服务功能的差异及其发展变化。

通过对四个不同版本教材内容的对比（见表3－3），标准最低的要求为：以城市地域结构有关理论（中心地理论），说明不同规模城市服务功能的差异，这也是该课程标准的基本底线。

表3－3　四种版本教材内容和呈现方式对比

版本	中图版	人教版	山东版	湘教版
教材内容	本部分内容在"第一节：城市的空间结构"中呈现并说明。①通过"活动"，说明城市规模与城市地域结构的关系。②以阅读方式，说明中心地理论。③以文字方式表述我国城市等级划分的依据和标准及差异变化	本部分内容在"第二节：不同等级城市的服务功能"独立呈现。①以"阅读"材料，概述我国城市等级划分的依据和标准。②通过"活动"，说明不同规模城市服务功能的差异。③通过"上海市"案例，说明城市等级的提高和服务范围扩大需要的基本条件。④通过德国、荷兰的举例、案例以及"阅读"材料，说明不同等级城市空间分布规律	本部分内容在"第二节：城市区位与城市体系"中呈现并说明。①以"知识窗"的方式，说明中心地理论。②通过"长江三角洲地区城市功能"案例，分析说明不同规模城市服务功能的差异	本部分内容在"第一节：城市空间结构"中呈现并说明。①以活动方式——调查商品等级与市场服务范围的关系，引入不同规模城市服务功能差异的学习。②阅读方式，说明中心地理论。③以活动"北京商业网点空间分布"的方式，说明不同规模城市服务功能差异
呈现方式	文字、示意图、阅读、案例研究	文字、示意图、阅读、读图思考、案例、活动	文字、地图、知识窗、案例分析	文字、活动、阅读、示意图

学情分析：作为城市学生，深圳的高一学生对不同城市提供的服务功能有一定的感性认识，而且具备一定的地理基础知识、读图能力、分析能力以及通过各种正确途径搜集相关资料的能力。所以，在教学中可充分利用身边的事例，提高学生的学习兴趣，加强学生对本节内容的理解。

【学习目标】

1. 知识与技能

（1）阅读龙岗镇、龙岗区、深圳市地图分析，了解我国不同等级城市的划分。

（2）小组合作讨论，理解城市服务范围的含义。

（3）对广东省城市分布图分析、讨论，说明不同等级城市服务范围的差异。

（4）通过对广东省城市分布图及广州、深圳的分析，了解城市服务范围与地理位置的关系。

（5）阅读教材材料分析，理解在广东省区域内，不同等级城市的空间分布关系。

2. 过程与方法

（1）利用多媒体投影仪进行作业展示，向其他同学作汇报、交流。

（2）引导学生通过对龙岗镇、龙岗区、深圳市与广东省不同等级城市（经济、人口、交通、服务种类）的比较，提高其学习兴趣和地理归纳、整理、分析能力。

3. 情感态度与价值观

（1）通过学生对龙岗镇、龙岗区、深圳市与广东省不同等级城市（经济、人口、交通、服务种类）的比较，让学生关心省情、国情，增强热爱家乡、热爱祖国的情感。

（2）养成求真、求实的科学态度，提高地理审美情趣。

【教学重难点分析】

教学重点：联系城市地域结构的有关理论——"在一个地区，不同等级城市的空间分布规律服从六边形服务范围层层嵌套的理论模式"，说明不同规模城市服务功能的差异。

教学难点：城市服务范围的形成与嵌套。

【教学方式与方法的选择】

教学手段：多媒体、课件辅助教学。

教学方法：图式教学方法。

图式案例探究法：从熟悉的深圳市、广东省城市案例出发，用问题探究法来设计本节内容，侧重于让学生通过自己的探索、发现过程来发现知识。

图式分析法：运用图像、图表，特别是深圳地图、龙岗地图、重难点图表解析、图表归纳的图式教学方法促进学生对中心地概念、不同规模城市服务功能差异等原理性知识的理解和掌握，发展空间思维能力。

小组研讨图式学习法：通过小组研讨，学生合作交流激发学生兴趣，达成学习效果。

【教学设计思路】

本节课依据多情景合作探究教学模式，设计的教学程序为深圳地图作业展示复习巩固—设计龙岗、深圳乡土地理问题情景导入新课—设置情境，学生活动合作交流—设置情境讨论交流—读图分析交流拓展—阅读思考理解应用—课堂总结反馈练习。

【教学资源】

广东省城市分布图：广州市地图、深圳市地图、龙岗区地图、龙岗镇地图。

【教学过程设计】

教学环节	教学过程	学生活动	设计意图
复习巩固	小组作业汇报： 投影展示各小组作业。 小组长对自己小组作业讲解、汇报。 教师在旁点评	作业汇报、交流：①在深圳地图上勾画出深圳市地域功能分区。②简要描述不同功能区的主要特征 小组长相互评价	以深圳地图为案例，既可以温故知新，回顾上一课学习的城市空间结构知识，又可以激发学生对新课的学习兴趣
小组活动中导入新课	分发回小组作业。 布置学习任务：在发回的深圳地图中用铅笔描出龙岗镇、龙岗区范围； 教师提出问题：龙岗镇、龙岗区、深圳市三幅图反映的城镇范围有何区别？其城市内部空间结构有何不同？这三个区域是否是同一等级的城市？ 提问学生回答后，教师点评	学生小组活动：在深圳市地图中用铅笔描出龙岗镇地图、龙岗区地图；小组讨论其内部空间结构的差异，经过教师点评后，初步理解城市的不同等级	通过在深圳地图中描出龙岗镇地图、龙岗区地图，使学生对身边不同等级的城市有感性认识，利于提高学生的学习兴趣。由感性认识上升到"城市的不同等级"的理性知识，符合学生认知规律

续表

教学环节	教学过程	学生活动	设计意图
过渡	教师归纳：这三个城市是不同等级的城市，其城市内部空间结构也各不相同。由于其内部地域结构的不同，这三个城市的服务功能是否相同呢？这中间有什么规律？这是我们今天要共同探讨的问题	学生感受日常生活中城市内部的地域结构的不同，城市等级的明显差异	承前启后，设疑激思
设置情境探究交流	[教师板书] 一、城市的等级划分 指导学生阅读教材"城市规模的大小与服务功能"第一段，了解城市的定义及我国城市等级规模。用笔画出我国城市的主要等级（板书） 设置情境：展示 PPT 材料一、3 个城市景观图片及人口资料：深圳市 2009 年人口 1446 万（户籍人口 230 万），龙岗区 2009 年人口 450 万（户籍人口 32 万），龙岗镇人口 21 万（户籍人口 5 万） 提出问题：龙岗镇、龙岗区、深圳市分别属于什么级别的城市？依据是什么？学生回答后点评 设置情境：展示 PPT 材料二："中国、美国、瑞士城市划分的不同标准"表格，简要讲述我国城市与其他国家城市不同的划分标准 设置情境：展示 PPT 材料三："广东省城市分布图"，使学生初步了解一个地区不同等级城市的分布状况。提问：广东省与深圳市、龙岗区、龙岗镇同级别的城市各有哪些 教师提问：不同等级城市划分的依据是什么 教师简要评价	阅读课本"城市规模的大小与服务功能"第一段材料，用笔画出我国城市的主要等级，明确我国城市等级划分的标准 小组探究：按照户籍人口，龙岗镇、龙岗区、深圳市分别对应属于什么样的级别城市以及划分的依据 小组讨论：学生阅读展示材料，结合教材 29 页文字，分析讨论，回答问题 阅读理解：看 PPT 展示材料，了解不同国家城市等级划分的不同标准 小组读图分析、交流：看 PPT 材料三，了解广东省不同等级城市的分布状况 讨论：广东省与深圳市、龙岗区、龙岗镇同级别的城市各有哪些。注意数目比较 学生回答：等级城市的划分依据不是土地面积，也不是经济发展水平等，而是人口规模	通过阅读教材文字材料和 PPT 展示材料一，通过身边案例了解城市的定义及我国城市等级规模的划分依据 通过阅读 PPT 材料二，分析比较，补充知识，使学生了解不同国家城市划分的不同标准。培养学生自主学习，从材料中提取有用信息的能力 通过看"广东省城市分布图"，了解一个地区不同等级城市的分布状况。培养学生读图分析归纳的能力和表达能力

教学环节	教学过程	学生活动	设计意图
设置情境讨论交流	二、城市的服务功能（板书） 设置情境：展示 PPT 材料四：如果你是龙岗南澳街道的居民，以南澳街道为起点分别在南澳街道、龙岗、深圳选择下列活动项目所在地点：A. 读小学、中学、大学；B. 购日用品、耐用消费品、高档消费品；C. 搬家、迁户口、出国迁证；D. 看普通病、大病、疑难杂症的治疗 指导读图：再次指导学生读深圳地图，回答：深圳由小渔村演化到深圳市的条件是什么？深圳规模的变化，导致其服务功能有什么变化 设置情境：展示 PPT 材料五：城市规模与服务范围的关系归纳表格 教师评价点拨：一个城市的服务范围除了城市本身，还包括这个城市附近的小城镇和广大的农村地区；城市的服务范围是不固定的没有明确的界线	小组讨论： 学生以小组为单位阅读 PPT 材料四，讨论并归纳：不同等级城市的服务差异（服务种类、服务功能、服务质量） 学生读图分析：深圳规模的变化，导致其服务功能也随之发生变化 阅读填表：阅读 PPT 材料五，填表总结城市规模与服务范围的关系 通过教师点拨，进一步理解一个城市的服务范围内涵	小组为单位阅读 PPT 材料四，学生在合作讨论中理解不同等级城市的服务差异（服务种类、服务功能、服务质量）。 通过实例，变抽象为具体，容易使学生理解随着城市规模的变化，其服务功能也发生变化的道理 通过 PPT 材料五，训练学生归纳概括能力。通过教师点拨，训练学生地理思维能力
读图分析	三、不同等级城市服务功能的差异（板书） 教师指导读图：指导学生读"广东省城市分布"图，与上述"广东省与深圳市、龙岗区、龙岗镇同级别的城市各有哪些?"并引导学生总结"不同等级的城市数目以及相互距离"的规律 教师引导学生采用对比的方法归纳读图分析结果，总结"不同等级城市提供不同的服务种类和服务范围"，并填表比较	学生读图讨论回答：学生读广东省城市分布图，判断、归纳不同等级城市的级别、数量、相互距离 填表比较：归纳读图分析结果，并填表比较	由广东省城市分布图乡土案例，引导学生归纳、总结"不同等级的城市数目以及相互距离"的规律，化抽象为具体。 通过表格比较，突破教学重点，训练学生比较、分析、归纳思维能力

续表

教学环节	教学过程	学生活动	设计意图
读图分析交流拓展	四、城市的等级特点（板书） 教师指导读图：教师继续指导学生读"广东省城市分布"图、课本阅读资料，提出问题：①图中的城镇共有几个等级？②不同等级城镇的数目与城镇级别有什么关系？③不同等级城镇的分布与城镇级别有什么关系？④试解释为什么会形成这种关系？教师点拨，并引导其归纳"不同城市的服务范围是层层嵌套的"规律 ［提问］为什么广州会成为一个特大型城市？让学生阅读广州的相关资料（地理位置、人口、交通、资源等），引导其归纳城市级别的发展条件 ［拓展］从地理位置、政策等角度，分析深圳成为我国重要特大城市的原因	小组讨论回答问题：学生分组学习，读"广东省城市分布图"，讨论并回答问题。通过回答和教师点拨，理解"不同城市的服务范围是层层嵌套的"规律 阅读回答：阅读广州的相关资料，回答广州成为一个特大城市的条件 拓展迁移：进一步分析深圳成为我国重要特大城市的原因 学生相互交流，并表达小组对以上问题的意见	由广东省城市分布图，进一步引导学生归纳"不同城市的服务范围是层层嵌套的"规律。突破教学难点 由广州的相关资料，引导学生归纳城市级别的发展条件。通过分析深圳成为我国重要特大城市的原因，培养学生的知识迁移能力。通过学生相互交流，培养合作探究能力
阅读思考理解应用	五、中心地理论及应用（板书） 指导阅读：指导学生读教材 P30"阅读"材料，思考：①图 2-1-10 中城市有几个等级？②找出表示每一等级六边形服务范围的线条颜色？③叙述不同等级城市之间服务范围及其相互关系 归纳讲解：说明城市六边形服务范围嵌套规律的形成；并说明其意义：运用这种理论来指导区域规划、城市建设和商业网点的布局 讲解应用：对照广东省城市分布图，说明城市六边形服务范围嵌套规律形成的前提条件	阅读思考：读 P30"阅读"思考问题，并总结城市六边形服务范围形成过程，明确城市六边形服务范围嵌套规律形成的前提条件：①环境几乎一样的平原地区，人口分布均匀；②区域的运输条件一致，影响运输的唯一因素是距离。理解城市六边形服务范围嵌套规律的形成及意义 理解应用：对照广东省城市分布图，理解城市六边形服务范围嵌套规律的限制条件，理解实际城市规模与服务功能差异的复杂性	由图示及文字，总结"理想化"的六边形服务范围及嵌套规律，使学生明确思维过程 使用所学理论分析广东省城市分布图，理解城市六边形服务范围嵌套规律的限制条件，训练学生用发展变化的眼光看待地理事物的变化，达到拓展思维的目的
课堂总结	总结本节课教学主要内容，强调教学重点和难点	学生归纳本节课学习主要内容，注意掌握的重点	通过总结归纳、巩固本节课学习主要内容
课堂反馈	教师指导学生自我评价，做课堂检测	学生自我评价，做课堂检测	评价检测学习效果

【板书设计】

"城市等级"板书设计如图 3 – 11 所示。

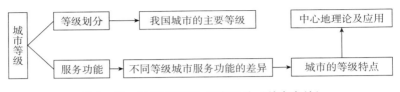

图 3 – 11 "城市等级"板书设计（笔者自绘）

【课堂评价】

学生自我评价（自评、小组评）：

（1）知道我国不同等级城市的划分。

（2）理解城市服务范围的含义。

（3）理解运用有关原理，说明不同等级城市服务范围的差异。

（4）理解城市服务范围与地理位置的关系。

（5）理解某一区域范围内，不同等级城市数量、分布及服务范围之间的关系（见表 3 – 4）。

表 3 – 4 小组活动评价（部分）

活动小组	教师观察	活动问题记录单	五星评价
小组 1	有 4/5 的成员能参与探究，讨论较松散，小组汇报效果好	记录较完整	★ ★ ★ ★
小组 2	有 5/6 的成员能参与探究，讨论较热烈，小组汇报效果一般	记录较完整，字迹稍乱	★ ★ ★ ★
小组 3	组员都能参与探究，讨论积极热烈，小组汇报效果良好	记录完整，条理清晰	★ ★ ★ ★ ★

教师评价：

1. 总体教学效果自评

大部分学生能结合城市地域结构的有关理论，根据深圳地图实例，说明不同规模城市服务功能的差异，能较好地达成课程标准中知识与技能的要求。学生通过合作讨论交流，较好地实现了过程与方法。通过学生对广东省不同等级城市（经济、人口、交通、服务种类）的比较分析，让学生关心我国基本地理国情，增强热爱祖国的情感，较好地达成了情感与价值观的目标要求。

2. 本节课的教学特色与创新

本节课以"学习生活中的地理为宗旨"，采用案例教学（广东省城市功能）等教学方式，通过实践活动，使学生认识到生活化、不规则的城市中蕴含的规律，并使其对城市的认识从感性认识升华到理性认识，学生的认识水平得到一定的提高。学生活动方式主要有合作讨论、课堂展示、读图分析等。通过师生互动、生生互动的方式进行学习，寓学习于实践活动之中，课堂气氛活跃，学生反馈良好。

3. 存在问题或有待改进的地方

本节课以案例分析、学生成果展示为主，所以在时间的把握上可再作适当的调整。对于深圳的部分学生而言，对不同城市提供的服务功能认识不太丰富。因而，在课前教师可再多留点时间给学生去搜集相关的资料，通过资料的搜集，使他们对此有所了解，为课堂使用的案例做好相应的知识准备，进一步加强教学效果。

课堂检测：

1. 城市有大小和等级之分，城市等级划分的依据通常是（　　　）。

A. 人口规模　　　B. 用地规模　　　C. 城市位置　　　D. 城市职能

2. 下列城市的服务范围，按由大到小的排列正确的是（　　　）。

A. 北京、深圳、龙岗区、龙岗镇

B. 龙岗镇、龙岗区、广州、北京

C. 龙岗区、龙岗镇、广州、北京

D. 北京、龙岗区、广州、龙岗镇

3. 城市等级与服务范围大小的关系是（　　　）。

A. 城市等级越高，数目越少，服务范围越小

B. 城市等级越高，数目越多，服务范围越小

C. 城市等级越低，数目越多，服务范围越小

D. 城市等级越低，数目越多，服务范围越大

4. 六边形的嵌套理论，主要用来指导（　　）。

A. 工业生产及产品的类型

B. 农业生产及农作物的类型

C. 交通运输及车站的布局

D. 区域规划、城市建设和商业网点的布局

答案：1. A　　　2. A　　　3. C　　　4. D

第五节　高中地理教学的图式工具

一、课程标准要求

在高中地理课程标准中对图表的运用作出明确的规定和要求。下面摘自2003年版的必修1课程标准的部分表述：

（1）内容要求中的表述。

运用图表说明大气受热过程。

绘制全球气压带、风带分布示意图，说出气压带、风带的分布、移动规律及其对气候的影响。

运用简易天气图，简要分析锋面、低压、高压等天气系统的特点。

运用示意图，说出水循环的过程和主要环节，说明水循环的地理意义。

运用地图，归纳世界洋流分布规律，说明洋流对地理环境的影响。

运用地图，分析地理环境的地域分异规律。

· 68 ·

（2）活动建议中的表述。

选择一种形式（如写一篇小短文，绘制一幅图，或者制作一段计算机动画等），向家人或同学讲解地球所处的宇宙环境。

运用教具、学具，或通过计算机模拟，演示地球的自转与公转，解释昼夜更替与四季形成的原因。

观察某种天文现象，并查阅有关资料，说出自己的观察结果及体会。

绘制示意图，或利用教具、学具，说明地球的圈层结构。

根据本地条件，进行地质、地貌、水文等野外观察。

利用身边可以找到的材料（如透明塑料袋、塑料薄膜、玻璃瓶等）和温度计，做一次模拟大气温室效应的小实验。

用计算机设计气压带、风带的移动，水循环或洋流运动的动画。

2017 年版普通高中地理课程标准选择性必修内容要求也有类似的表述（节选）：

1.2 运用示意图，说明岩石圈物质循环过程。

1.4 运用示意图，分析锋、低压（气旋）、高压（反气旋）等天气系统，并运用简易天气图，解释常见天气现象的成因。

1.5 运用示意图，说明气压带、风带的分布，并分析气压带、风带对气候形成的作用，以及气候对自然地理景观形成的影响。

1.6 绘制示意图，解释各类陆地水体之间的相互关系。

1.7 运用世界洋流分布图，说明世界洋流的分布规律，并举例说明洋流对地理环境和人类活动的影响。

1.8 运用图表，分析海—气相互作用对全球水热平衡的影响，解释厄尔尼诺、拉尼娜现象对全球气候和人类活动的影响。

1.9 运用图表并结合实例，分析自然环境的整体性和地域分异规律。

在中学地理教学实践中，由于学生地理概念和地理原理掌握不扎实，不能很好地理清地理概念之间的关系、不能很好地理解地理事物的分布规律、不能很好地把握地理事物的发展变化规律，进而很难形成比较系统的地理知识网络，解决问题时也就不善于正确运用逻辑推理，不能科学地运用所学地理知识解决生活中的实际问题，导致学习障碍频出。

这种现象的出现，本质上就是没有形成良好的地理图式，不能灵活运用基本图式对地理知识进行加工、整理，不能应用图式解决问题。

借助图式这一认知工具，应用图式理论实施图式教学，实质上就是帮助学生加工、整理、构建地理知识，建构丰富的地理图式，从而最终形成完善的地理知识网络，把握地理知识体系，真正实现地理学习的目的。

二、心理地图、概念图与思维导图

地理教学中的图式工具主要包括地图、原理图、概念图和思维导图等，这些图式形式有别，应用范围也各不相同。在表达区域认知时，多用地图、景观图等；在表达综合思维时，常用的图式有心理地图、关系图、原理图、思维导图等；在表达人地协调观时，多用到因果关系图、概念图、思维导图等；在表达地理实践力时，常用到地图、景观图、因果关系图等。教师要对各种图式有清晰的了解，熟练掌握各种图式的应用范围和应用规则。

图式是一种心理地图。所谓心理地图是指包含各种地理信息的地图在人脑中形成的表象，是人们对地球表面的某一方面或者某些方面地理事物或地理现象的内化印象。它是各类地图在头脑中的保持和再现，既是一种空间表象，又是一种记忆表象，既是对各种地理事物或地理现象的空间形状、空间分布、空间演变的反映，也可以通过有意识的训练，使学生获得一种较为长远的地域知识认知。也可以说心理地图是一幅"活"的地图，是人脑中的地图。它反映出人们对不同位置和不同尺度区域的认识，给学生提供了一种感知世界，一种存储和提取地理环境中的人文地理信息和自然地理信息的必要方式。

先行组织者图式教学策略。一次演示、一段图像视频片段组成的先行组织者可以使一堂课提供的文本信息更有意义、更易理解。如在讲述聚落的形成之前，先播放一段有关乡村、城市聚落景观的图像资料，能更好地帮助学生理解聚落的内涵。

概念图是一种用节点代表概念，连线表示概念间的联结关系的图式方法。在20世纪60年代，美国康奈尔大学诺瓦克教授等提出概念图，认为概念图是一种很好的教学工具，也是一种有效的思维工具。正如我国学者黎加厚教授所说，人们所使用的一切用来表达知识间的联系，以及展现自己思想的图式方法都可以称为概念图。在高中地理教学中有效运用概念图教学，促使教师从传统的教学向科学的教学转变，有助于教师教学设计明朗化，有利于教师教学内容系统化和学科间知识的相互渗透，更有利于教师摆正课堂教学中的师生角色，提高教师教学技能和教学反馈，还可以促进学生有效地掌握知识，学会学习。概念图也是形成性评价的一种好方式。

　　思维导图是英国托尼·巴赞在20世纪60年代开发的一种组织性思维工具。他通过绘制图的方法，将人们认知知识、解决问题和创新想象的思路、途径以及如何对它们进行配置有序地表达出来。一般是以主题为中心，有组织、分层次而放射式、互相关联地展现出来，充分展示形象思维、逻辑思维的有机整合。思维导图可以有效地应用于地理教学，是地理教学形象化的工具，能够促进学生创新思维的发展。思维导图既可优化学生学习地理知识，又可优化地理教学效果，形成正确的地理思维方法。

　　当前对概念图和思维导图两个概念的认识也不是很统一，主要存在以下几种观点：一是等同的观点：这种观点认为概念图和思维导图是相同的，思维导图是概念图的别称，黎加厚教授认为人类使用的一切用来表达自己思想的图式方法都是概念图。思维导图的提法直接说明这是引导人们思维的图，把这种图式方法的意义挑明了。二是不同的观点：这种观点认为概念图和思维导图在起源、应用和形式方面都有很大的不同，是两个完全不同的概念。虽然具有很大的相似性，但仍然需要加以区分。三是无须区分的观点：这种观点认为概念图和思维导图是不同的概念，有类似之处，但是也有区别所在，对于一线教师来说，在使用它们的时候，采用何种名称是不重要的，重要的是如何利用这些工具指导学生学习和提高授课效果。概括而言，概念图主要就是揭示概念之间层级关系的一种知识图；思维导图则主要表达了知识与其中心主题远近及其关系的图，是一种放射性思维具体化的方法。

此外，**鱼骨图**则是一种多层次因果分析图，**因果图**则主要是揭示知识间因果关系的知识图。鱼骨图、因果图等图式策略目前在生产管理和项目管理上的应用非常广泛，也发挥其非常强大的功能，目前用于教学的各种图式相关软件，比如Mindmanager、iMindmap等，功能特别强大，在学习中的用途也日益广泛，但是在具体的学科教学中的应用尚有待于进一步地开发研究，其图式思维的优势有待于进一步挖掘。

总之，无论是心理地图、概念图、思维导图，还是各种图式相关软件，都是通过知识间的逻辑关系把知识组织在一个系统内，都展现了人的思维过程，揭示了知识间的逻辑关系，都属于图式认知工具，可以被称为引导人的思维的图，即"认知导图"。认知导图是知识图形化、思维可视化的一种重要方式。

国内对地理图式教学的研究多处于理论探索阶段，在中学地理教学实践中如何培养学生的地理图式思维的研究较少。对学生地理图式进行初步探索，并在实践总结的基础上试探性地提出培养学生构建地理图式的流程，是本书研究高中地理图式教学方法的实践空间。

案例："概念图"在地理复习课中的应用

构建"概念图"的教学方法对教师的教学设计、学生学习都很适用。下面以人民教育出版社1995年10月第2版高级中学课本地理上册（必须）第四章《地壳和地壳的变动》第二节"地壳的结构和物质组成"为例加以说明。

（1）选定学习内容，列出关键概念。

教师带领学生参观学校地理园的矿物和岩石标本，激发学习兴趣，引导出本节学习内容。在看标本过程中，教会学生能初步认识到矿物和岩石是两个重要的概念，然后让学生结合课本内容写出与矿物和岩石相关的所有概念，如元素、矿产、矿床、岩浆岩、砂岩、花岗岩、地壳等。

（2）理清概念层次，有序排列。

筛选出关键的概念，如矿物和岩石，以关键概念为中心，探讨概念的顺序和可能的连接。列出哪些是同级别的，哪些是上位的，哪些是下位的，并把这些概念按照从一般到具体依次排序，理清每个概念本身的上位或下位或同位概念的关系，形成概念间的层次结构，确定新概念在原来认知结构中的位置。

（3）寻找概念关联，短线连接。

将概念关联起来形成系统连贯的知识结构是图式学习关键的一步。在教师启发引导和学生讨论下，学生画出自己的概念图，把每一对相关的概念用短线（含箭头）连接，以显示两者之间的逻辑关系。通过某一相关概念连接起来，然后再经过修改或修饰后，便初步形成了一个以概念为中心的概念知识结构网络图，如图 3 - 12 所示。

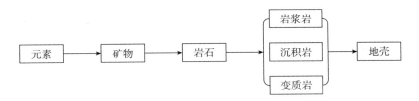

图 3 - 12　地壳物质组成概念结构

（4）局部修改，图式精制。

学生之间、师生之间的互动交流会使学生个体对原有图式理解进一步加深或者改变，这个过程就是图式的精制。不断地对原有图式进行重组，图式得到同化、精制，不断修整和完善。让学生分小组展示各自的概念图，通过对比、讨论、取长补短，最后形成小组概念图，如图 3 - 13 所示。

（5）讲解评价，反思完善。

绘制好一张概念图并不是概念图教学的终结，还需要讲解和评价。将图中概念及其关系讲清楚，并给一定的评分，让学生获得正确完整的知识，明白自己的不足和差距。如矿物与岩石的区别和联系，岩石是由矿物组成的，矿物是化学元素组成的，矿产是在地表及地下富集达到工农业利用要求的矿物，矿床是矿产富集地段。常见的造岩矿物有石英、长石、云母等，岩石按成因可分为岩浆岩、沉积岩和变质岩，这三类岩石可以互相转换。通过师生互动，实现新图式与原有图式的意义连接，最后形成更加全面、完善的概念图式，如图 3-14 所示。

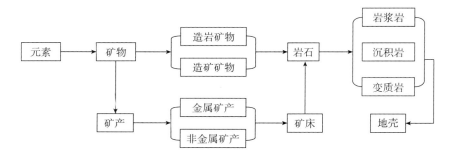

图 3-13　地壳物质组成概念结构拓展图（笔者自绘）

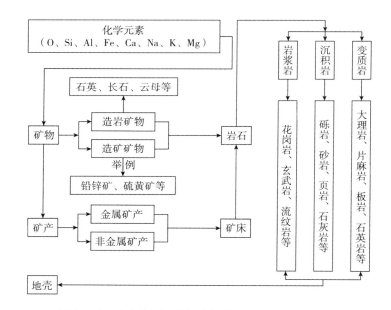

图 3-14　地壳物质组成概念结构新图式（笔者自绘）

资料来源：http：//www. doc88. com/p-972391407094. html.

通过以上实例可以看出学生通过个人构建概念图式到小组构建新概念图式，最后形成最新的概念图等一系列图式学习，对相关地理知识的认知水平在不断同化、精制中得到提高和拓展。

第四章　高中地理图式教学方法再研究

　　教学方法是完成教学任务、实现教育目标和提高教学质量的关键所在。人们发现，由于时代背景不同，教学方法的研究角度和侧重点存在差异。从苏格拉底的"产婆术"式教学方法到公元 1 世纪古罗马教育家昆体良的雄辩术教学问题，到中世纪经院式的教学方法和讲演法，再到近现代的情感教学、实物教学以及活动教学，教学方法的发展过程具有明显的历史继承性特征。夸美纽斯的"直观教学法"、裴斯泰洛齐的"实物教学法"、福禄贝尔的"游戏教学法"、赫尔巴特的"五段式教学法"、杜威的"活动教学法"、克伯屈的"设计教学法"、莫里逊的"单元教学法"、斯金纳的程序教学法、布鲁纳的发现教学法、瓦根舍因的范例教学、奥苏贝尔的有意义接受学习、布鲁姆的"掌握学习"方法等，以及中国早期的孔子启发式教学、近现代陶行知的"教学做合一"教学方法、陈鹤琴的"活教育"方法，以及"自学辅导教学法"、"读读、议议、练练、讲讲"八字教学法、情景教学法等，教学方法研究贯穿古今中外，其中很多教学方法的理念及操作步骤在当今的中学地理教学中仍具有很强的适用价值。前面章节已经对基于"双基"的"三板"教学以及指向"三维目标"的图式教学做了一定探究，随着时代的发展，人们对教学方法的认识也在不断丰富和完善。尤其是核心素养导向的高中地理教学，教学方法的改进和完善迫在眉睫。

第一节　教学方法理论的再认识

一、教学方法的历史视角

丰富的教学经验和教学思想是前人留下来的一份宝贵财富。它们是教学方法理论形成的实践基础和概念基础，为各种教学方法理论产生与发展提供了充分的准备，比如 2000 多年前的《学记》，就是对教学经验的精辟概括与总结，是我国古代教学思想之大成。《学记》中，"学"即教学，"记"是一种文体，记载论述的意思。

在西方教育史上，第一个倡导教学思想的是德国教育家拉特克，他一生致力于探索"教授之术"，把"如何教"的教学方法问题作为教学研究的中心问题。拉特克的教学论重点在于探究如何使所有人最容易、最有效地获得知识和教养。

夸美纽斯进一步发展了拉特克的观点，对教学理论做出了杰出贡献。他的名著《大教学论》专门论述了各科教学方法。夸美纽斯的第一个教学原理就是直观原理。他认为，教学不应始于对事物的语言说明，而应始于对事物的观察。他反对引经据典、咬文嚼字的"文字教学"。他说，知识的开端永远必须来自感官。如果教学中得不到实物，就用图像、模型等直观教具代替。夸美纽斯认为，直观教学是教师的一条"金科玉律"，在教学中应该得到普遍应用。

1806 年，赫尔巴特的《普通教育学》等书籍被认为是独立教学理论的形成，赫尔巴特认为，教育学作为一门科学，是以实践哲学和心理学为基础的。同时，他还认为，道德教育是每个人都必须达到的必要目的。管理、教学和训育是教育的三大手段。而清楚、联想、系统和方法是教学形式的四大阶段，这四个阶段经过赫尔巴特弟子们的修正，形成分析、综合、联想、系统、方法的"五段教学法"，影响了世界各国的教师们。赫尔巴特教学论的"苏联版"对我国的教学理论发展影响深刻。"组织教学—复习旧知识—讲授新知识—巩固新知识—布置作业"依然为我国教师教学设计、课堂教学的基本程序或方法。20世纪80年代开始，在总结我国广大优秀教师的丰富教学经验和吸收国外先进的教学理论基础之上，逐步形成了教学相长、循序渐进、因材施教等教学基本原则或方法。王策三的《教学论稿》等书籍对教学论的中国化进行了一定的理论探索。

案例：教学方法名人名言选

故君子之教，喻也。道而弗牵，强而弗抑，开而弗达。道而弗牵则和，强而弗抑则易，开而弗达则思。和易以思，可谓善喻矣。——《学记》

巴普洛夫：初级研究的障碍，乃在于缺乏研究法，无怪乎人们常说：科学是随着研究法所获得的成就而前进的。研究法每前进一步，我们就更提高一步，随之在我们面前也就开拓了一个充满种种新鲜事物的更辽阔的远景。因此，我们的头等重要的任务乃是制定研究方法。——《自然辩证法讲义》

苏霍姆林斯基：获得知识——这就意味着发现真理，解答疑问。你要尽量使你的学生看到、感觉到、触摸到他们不懂的东西，使他们面前出现疑问。如果你能做到这一点，事情就成功了一半。——《给教师的建议》

苏霍姆林斯基：在我看来，教给学生能借助已有的知识去获取知识，这是最高的教学技巧之所在。——《给教师的建议》

布鲁纳：只要可能，教学法的目标应该是引导学生自己去发现。向儿童灌输现成的知识并根据这些知识来测验儿童，不可避免地要造成一些只会伏案用功的学习者，而他们的学习动机很可能是外来的——取悦于老师，升入大学，人为地维持自尊。鼓励发现有两方面的长处。……儿童将他所学的东西变成自己的……而且，它（发现）给予儿童的自信心是对学习的最好奖励。此外，加强那个处于教育核心的过程，即加强那种受过训练的探究，它本身就是一种奖励。

朱熹：读书无疑者，须教有疑。有疑者却要无疑，到这里方是长进。——《学规类编》

孔子：不愤不启，不悱不发，举一隅不以三隅反，则不复也。——《论语·

述而》

赞可夫：教学法不仅可以依靠和利用学生的情绪，而且可以培养和发展儿童的情绪生活。——《和教师的谈话》

赫尔巴特：可以产生几种不同的教学方法，经常习惯于一种方法而排斥其他方法是不必要的。

叶圣陶：教学有原理，有方法。原理须体现于实践之中，方法须灵活运用，不陷入拘泥。——《叶圣陶语文教育论集》

二、教学方法的内涵演变

对于老师、学生来说，方法问题几乎是无处不在，它贯穿于整个教学、学习过程的始终。但是，对教学方法的概念，却没有一个明确的定义。国内对教学方法的认识，由于视角不同，有不同的解释。目前，比较有代表性的观点有以下三种：

第一种是以李秉德教授为代表的。李秉德教授是世界著名的教育家、认识论创始人皮亚杰的首批中国学生，我国第一位教学论博士生导师，20世纪三四十年代著名的"廉方教学法"教育实验主要成员。李秉德在其《教学论》中这样定义教学方法的概念：教学方法是指在教学过程中，教师和学生为实现教学目的、完成教学任务而采取的教与学相互作用的活动方式的总称。

第二种是以王策三教授为代表的，认为教学方法是指为达到教学目的、实现教学内容、运用教学手段而进行的，由教学原则指导的，一整套方式组成的，师生相互作用的活动。

第三种是《中国大百科全书·教育》上的解释，认为教学方法是为了完成一定的教学任务，师生在共同活动中采用的手段，既包括教师教的方法，也包括学生学的方法。

要探究教学方法的内涵，首先要明确"教学"和"方法"的含义。教育学上一般认为，教学是教育目的规范下的，教师的教与学生的学共同组成的一种教育活动。《现代汉语词典》中认为，方法是认识和改造世界观、社会现象和精神现象的方式、手段。在哲学上一般认为，方法是关于解决思想、说话、行为等问题的门路、程序等。融合以上观念，可以得出教学方法的基本定义：教学方法是教师组织和引导学生进行学习活动，共同解决教学问题、达成教学目的而采用的方式、手段、门路、程序等的总和。

可见，在整个教学活动中，教师、学生、教学内容和教学方法等要素构成了教学系统，在教学系统中，教学方法将教师与学生、教师与教学内容、学生与教学内容密切联系起来，并使之相互作用，从而实现教学系统的整体功能。教学方法既包括教师的教法，又包括学生的学法。所谓教法是教师为了完成教学任务所采用的方式、手段、门路、程序，所谓学法就是学生为获得知识、形成和发展能力、培养健康个性而使用的学习方式。也就是说，教学方法是教与学辩证统一的关系，教学方法决定于学的方式和教的方式行动上的协调一致的效果。我们很难区分教学论与方法论的界限。如果将教学论仅仅看作教学的内容是什么，方法论则是怎么样的问题，表面上看似乎没什么问题，但在实际教学中，不难看出这种理解太过于局限。

教学方法论作为一种理论，是教育学中最困难也是最复杂的领域之一。有时候想到好的方法，但面对"变化多端"的课堂，却感到无计可施。有时候按照某种教学方法去讲课，发现最后却脱离了方法的初衷。长期的教育教学实践告诉我们，只有教师根据自身情况、学情特点、教学环境等用心用情地设计课堂教学行为，并在教学中根据变化随时动态调整教学方法，教学方法的讨论才有真实的意义。

教学方法在很多情况下是通过明确的学生学习行为和教师教学行为，在教学过程中得以体现的。这种体现更多属于教师个人的学科教学专业知识的积累。有时候听课教师感觉到某位教师经验丰富，方法运用得当，学生也觉得这位老师讲得通俗易懂，简单明了，与同科组其他教师对比优势明显，我们就认为这位教师的教学方法运用适当。

尤其是在新一轮课程改革背景下，对照立德树人的根本宗旨，对照核心素养的培育要求，我们的教学方法又应该做些什么，如何去做？这样做的基本规则是什么？在实际的课堂教学中，我们教师的教学行为、学生的学习行为有什么改变？怎样设计一个符合教学方法的理论要求，又跟现实的教学实践紧密结合，在教与学的行为活动空间和时间范围内，教师与学生都满意的教学行为，这样的课堂教学方法的研究与探讨，才真正具有价值和意义。

根据前述分析，笔者认为地理图式教学方法就是为了完成地理教学任务，地理教师组织和引导学生利用和设计地理图像进行地理学习活动，共同理解和解决地理教学问题，使学生更好地理解教学内容，从而促进学生积极思维，形成地理的认知图式，发展学生核心素养的学科教学方法。图4-1为教师教学法自我建构。

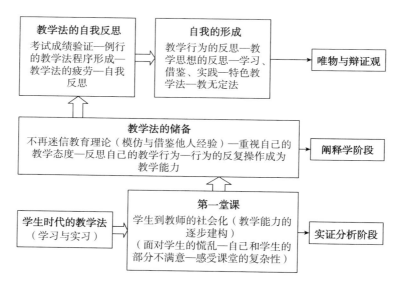

图4-1 教师教学法自我建构（笔者自绘）

三、教学方法的层次认知

德国著名教育家和教学法专家希尔伯特·迈尔在其《课堂教学方法·理论篇》中，从不同层面对教学方法论的理论知识进行了分析。他认为，教学方法有四个层面：第一个是具体的、贴近实践的方法论及课堂教学理念层面。第二个是普通教学理论和课堂教学模式的层面，内含对某些方法论的理解。第三个是从普通教育学和社会学的角度出发分析教育过程的层面。第四个是对教育学的理论产物进行历史系统化的科学理论反思的层面。

根据希尔伯特·迈尔关于教学方法理论知识的四个层面的划分，结合中学教学实践，可以将教学方法大致分为以下几个层面：

第一个层面：课堂教学行为或技巧，即教师对其教学行为有某种目标定位，为实现这个目标，将某些教学原则内化，并要求应用一定的媒体、材料以及行为模式达成教学目标。比如课堂掌控的方法或技巧，课堂导入的方法或技巧，读图析图的方法或技巧等。其中既有由学生问题生成的与教学内容直接相关的技巧，也有由学生学习问题等生成的与教学内容无关的但与教学任务完成有关的种种技巧，如吸引学生注意力的应对技巧、学生开小差的应对技巧、课堂突发事件的处理技巧、布置作业的技巧、检查作业的技巧、批阅作业的技巧、回答课堂学生问题的技巧（有时与教学内容有关、有时与教学内容无关），还有让学生觉得你在注意他的技巧、教师的服饰要求的技巧、课堂提问的技巧，以及剩余几分钟课堂如何掌控的技巧、教学内容讲授不完怎么处理的技巧等。这些教学方法或技巧，少说也有几百种。其中有很多技巧可以重复使用，有些技巧不单是基础教育，大学教育、职业教育也一样适用。

第二个层面：课堂教学实践层面的教学方法，是最为贴近教学实际的教学法层面。在这个层面上，教学方法具体表现为教师对其教学行为有明确的教学目标，有内化的教学原则，应用一定的教学媒体、材料以及教学行为模式贯穿于教学过程之中，达成预想的教学效果。比如章节教学设计方法、课时教学设计方法等，就是这种层面的教学方法，也是我们一线教师最为擅长的教学方法。这种教学方法也有很多，如问题式教学法、合作式教学法、讲授法等。一些名家如魏书生的六步教学法、余映潮的板块教学法等也属于这个层面。

第三个层面：教育理论中的教学方法。学习理论中的教学论，如合作学习法、讨论学习法、图示学习法等，这些更多从教育理论中推导而来，是社会学、心理学理论的教育反映或原理的应用。有的将课程论中的某些行为动词直接转化为教学策略或方法，如列举法、说明法等。这个层面的教学方法是从教育学、心理学理论与教学实践的密切联系出发而生成的，本质上，也是一种生成性的教学方法，只不过这种生成是长期的人类学校教育、社会理论的积累，在教育教学中的动态反应罢了。

第四个层面：哲学层面，即哲学的分析、归纳、演绎等传导到基础教育课堂上和基础教育的改革中。

本书所讨论的教学方法，如启发式教学法、发现教学法等原理性教学方法，如以语言文字为主的讲授法、以实物为主的演示法、以实践为主的练习法等一般教学方法，如地理教学中的野外调查法等学科教学方法，按照上面四个层面的划分，基本属于第一、第二层面。

本书的总体目标是帮助师生提升构建核心素养导向的地理教学方法的行为能力。要实现这种目标，单纯依靠教育行政官员及专家学者们提出的教学良方是远远不够的。具备核心素养导向的教学方法建构行为能力的师生，要能够从书本和他人建议的条条框框中跳出来，对教学实践有较强的自我反思能力，并有自我意识或建构自我教学方法的行为意识。因此，从总体上明确教学方法的层次，具备一种可操作的教学方法心理图式，并在这种心理图式指导下结合教学实践进行反思和建构，并最终形成自身比较有特色的教学方法。

四、教学内容与教学方法

讨论1：教学内容决定教学方法吗

教学内容决定教学方法，这种观点颇为流行，而且看起来是正确的，因为如果没有笔怎么书写，没有教科书怎么进行教学。但仔细琢磨一下，就会发现这种观点有些片面。因为所谓教学方法，就是学习过程的建构。也就是说，是教师引导学生去习得某种教学内容，而且要与教学内容的认知建构（心理图式的建构）相适应的一个过程。所以，不能把教学方法当作传授学习材料的方法。有很多有经验的教师，上课几乎不带教科书，课一样上得精彩。究其原因，是教师对教学内容已经烂熟于心，而且根据自己对学生的了解，对知识的整体把握，对学生建构知识的整体认知重新选择了某种教学方法。根据教学内容选择教学方法很容易掉入"映像教学论"的泥潭。

讨论2：什么是教学内容

教学内容很容易让人以为是教科书，或者教师在教学中传授的知识。但教学内容是动态变化的，比如我们在上课时，补充了一则小故事，或者虚构一个现象，这个小故事或现象又是对教学有帮助的，那么这个小故事或虚构的现象也是教学内容。在教学中，根据学生提出的问题可以动态生成教学内容，因此教学内容可以看作实践性的知识。教学内容从理论上来说，具有无穷多样性，需要教师根据教学经验进行评估、筛选、分类和利用，甚至跨学科的教学内容也可以成为本学科的教学内容。当然，这些无穷多样性的教学素材，需要教师根据需要进行再加工。再加工的方法就可以成为一种教学方法或技巧，比如一个小实验、实验教学法、一个演示、演示教学法、一个角色扮演等。

讨论3：教学方法是一种抽象符号吗

比如说、读、写、算、演示等行为，是实现教学过程目标导向的手段，或者达成教学计划的方式。在整个高中三年中，学科教学计划怎样落实、哪些内容先讲授、哪些内容后讲授、一年级的计划怎样实施、三年级的备考怎样落实等，这种计划落实层面的教学行为，是教学策略也是教学方法。再比如针对一些有学科发展潜力的学生，如何进行差异教学，在学习内容、个性化作业等方面有所侧重，制定一个整体的培优计划等，也是一种教学方法。

五、教学方法的再思考

每个受过教育的人都能轻松地从自己的课堂教学实践中，或者自己学生时代的回忆中举出几个教学方法方面的例子，如讲授法、小组讨论法、问题教学法等。我们很容易地认为，教学方法是一种理论，这种理论可以通过看书、听讲座来学习。但这种想法是错误的，教学方法永远具有实践性，因为学习总是与学习地点、动机、环境条件、知识运用、教师的个性特点以及知识内容呈现特点（事实性知识还是原理性知识）、学习者本身的特点（学习基础、学习的动机、性别差异、年龄特点）等密切相关。

我们有时会说，某某老师有方法，其实想表达这样的意思：这位教师将自己的教学目标顺利地转化为教学行为，这些教学行为能够有效地产生影响。作为听课者，我们通过教师传授的知识和内容，以及他的课堂教学的个性化语言和肢体动作，以及学生的愉悦反应，形成我们对这位教师教学方法设计的理解。在教育领域，很少有人依靠教科书或参考名师的经验来获得终身有效的教学方法，即"教无定法"。

观点1：教学方法不是独立存在的。需要特别注意的是教学方法本身不是客观存在的，抽象的、纯粹理论性的教学方法只是一种教学方法的理论认知，不可以照搬为自己教学的实践。真正的教学方法应该是一种物化的教学行为。但这并不意味着不可以对教学方法的实践进行理论反思。恰恰相反，教学方法的理论反思本身就是一种教学方法的理论，是一种教学方法的"模式"，是实践教育目标的一种途径或理念。

观点2：教学方法研究的价值观是什么？基于一种现实，要在有限的时间（课时）内达成我们期望的教学目标，即教学要尽量有效率。这种效率要体现为师生彼此都认同的教学行为，需要教师选择某种手段或方法，这种方法就是教学方法。这种方法具有两面性，一方面提供了一种途径或手段，另一方面则放弃了另外一些途径或手段。比如为了解决某个知识难点，教师采取了讲授法，但却放弃了学生自由讨论、发现事物规律的途径或方法。但无论如何，探究教学方法能促进教师的专业发展是确定无疑的。

观点3：教学方法的实质是学习的方法。教学行为具体表现为学生主动学习知识的行为。如果教师将教学方法看作一种表演的手段或工具，凭空想象出一种教学方法去实现某种目标，而无视学生是否有学习的意图、有无学习的行为，这种教学方法是虚伪的，或者是毫无意义的。不管从教者主观愿望如何，在现实情况下，走进课堂，就要思考学习效率，就要提升教学方法，行使学校赋予的权利，组织教学，批评学生，解决学生学习中的一些问题或困难。

观点4：教学方法评价的学生视角。有的老师每学期开学的第一节课结束都会问学生是否适应本堂课的教学方法。学生除了说一些看法以外，都会提到，如果只听了某位教师一节课，就断言这位教师的教学方法如何，实在有失公允。因此，教学方法的效果是需要一段时间来检验的。

观点5：形成教学方法的学校环境。学校就是指教育者有计划、有组织地对受教育者进行系统教育活动的场所。考虑到学校环境的千差万别，教师实施教学在很大程度上具有个体性、学科性的特点，所以一种教学方法可能在这所学校适用，到其他的学校就不太适用。

观点6：教学方法需要与时俱进。新课程标准对于教学方法提出了很多实施建议。这些建议如问题式教学、项目式学习等都可以理解为一种教学方法的理念。基础教育新一轮改革已经开始，课程标准、教科书都在变化，升学的制度比以往更加灵活，这些变化对教学实施或教学方法的改进，都提出了新要求。

案例：2017年版新课标对教学方法的新要求

《普通高中地理课程方案和课程标准（2017年版）》（以下简称2017年版新课标）已经正式实施。指向核心素养的2017年版新课标，对高中地理教学的知识观、学习方式乃至教育教学观念都进行了重新构建。新课标凝练了学科核心素养，更新了教学内容，制定了新的学业质量标准。高中地理教师是新课标、新课程的实施者，如何适应新课程实施的要求，改进教学方法，是迫在眉睫的任务。

（1）新的教学内容与教学方法。2017年版新课标强调学生通过高中地理学习，强化人类与环境协调发展的观念。教学中强调核心知识和必备能力的培养，突出地理学科的尺度概念，关注地方、国家、全球的地理问题及可持续发展问题，这些教学内容的新变化成为教学方法选择的新指向。

（2）重视差异教学。2017年版新课标要求选取有利于学生地理学科核心素养形成的课程内容，在考虑校际差异、学生差异基础上，增加基础性课程，兼顾多样性课程。更关注学生个性发展的要求，强调建设科学性、实践性、时代性的课程体系，满足学生面向未来的工作、学习的需要。因此，适应新课标的教学方法重视个别化差异教学。强调在班集体教学中，立足学生的个性差异，满足不同学生的学习需要，促进每个学生最大限度地发展。

（3）倡导问题式教学。新课标倡导培育地理学科核心素养的学习方法，倡导自主、合作和探究等学习方式。因此，在教学实施中必须遵循学生身心发展规律和地理学科核心素养形成过程，重视问题式教学，在创设真实的教学情境上，开展地理实践活动，将地理教学由课内延伸到课外，在自然、社会、生活等真实情境中，营造更直观、生动的地理课程实施环境。

综上，教学方法是教学实践中形成的，是师生互动形成的。教学方法是为了提升教学效率，不是束缚学生的一种手段或强制力。教学方法更不是学校领导束缚全体教师的一种等级仪式。教学方法构建了学习方法，教学方法有目标导向。

第二节　人本主义视角的教学方法再认识

一、互动仪式链理论

因为教学活动的参与者是教师和学生，所以教师和学生的关系问题一直是教学中的最基本问题。教学过程中师生的基本活动大致可以分为教师的教、学生的学、师生交往等。这三种活动又可以分为两个方面，一是教师与学生的认识活动，即教师教的活动与学生学的活动；二是教师与学生之间的交往活动，即社会学意义的人际关系。在实际的教学中，这两个方面很难区分，是密不可分的。就教师与学生之间的认识活动而言，教师与学生之间的主客体关系是复杂的。就教的活动而言，主体是教师，学生是客体，教材是中介。但从学生学的活动来看，学生是学习的主体，学习活动的对象即客体是教材，教师在一定意义上也是学生的客体，教师是为学生学习服务的。而师生人际关系又具有十分重要的教学功能，因为教与学总是在师生交往的背景下进行的。学生学的积极性影响教师教的课堂氛围；融洽、和谐的师生人际关系又有助于学生人格的发展，而冷漠、紧张的师生人际关系则不利于学生人格发展。师生之间的情感需要是在教学过程中通过人际交往得到满足的。在现实的教学中，师生人际关系的表现是多种多样的。

第一章提到，人本主义学派在很大程度上借鉴了社会心理学，随着新理论的出现，人们对教育也有了新的认识。下面结合互动仪式链理论、教育表演理论简要谈谈笔者对教学方法的新认识，供读者参考。

二、互动仪式链理论视角的教学方法

近年来，美国著名社会学家兰德尔·柯林斯的互动仪式链理论风靡全球。该理论认为，社会尤其是微观社会，是由个体在情境中的互动构成的。人们总是处在各种互动的环境中，产生类似仪式一样的共鸣，不断拓展，发生链式衔接，形成互动仪式链。按照柯林斯的理论，学校也是一个小社会，互动仪式链一样存在于学校的各个层面，老师与学生、学生与学生通过课堂、宿舍、社团等各种具体情境产生互动。通过加强互动，一样可以提升教育教学效果。互动也是教育教学方法的重要组成。从互动仪式链理论视角上看，加强互动，学生的教育教学生活会更加丰富、有效。

首先，加强课堂互动。作为老师，在日常课堂教学中，能够观察到有的同学是一种形式化的学习，或者称之为被动参与的伪互动仪式。比如看见老师进班了，被动地打开课本，再茫然地看着讲台上滔滔不绝的老师，课后被动地完成作业任务，甚至一天的学习就这样结束了。整个学习过程并没有真正地与老师、同学进行思维互动、进行学习情感的交流。如果建议学生换种方式：课前通过预习把不懂的问题做个标注，上课带着问题去听，不懂的地方大胆举手提问，同时也认真倾听其他同学向老师提出的问题，为其他同学优质的问题和充满智慧的表达予以关注、鼓掌和点赞。这样，在一个个问题解决的过程中，在一个又一个不断提问中，与老师、同学产生思维的共鸣、情感的交流。如果在每一节课中，教师都能够使师生产生积极互动，并能坚持下来，甚至成为班级约定俗成的规则或者仪式，这样教学方法就会转化为良好的班风。如果一所学校每一个班级都能形成这种氛围，就是这所学校的校风。若干年后，当师生回首往事，回忆学校生活的

时候，还依稀记得某堂课上，师生、同学之间的某段精彩对话，还记得为了某个问题争论得面红耳赤，这种教学方法就已经超出了方法或手段的层次，已经上升为某种情感。

其次，加强学校社团等的互动。在社团活动里，大家都有共同的兴趣爱好，很容易将信息互动、人际互动通过社团活动融合在一起，产生群聚效应。比如在书法社团里，高二的学生看到高一某个同学字写得比他的漂亮，书法功底比他更深厚时，这名学生一定会有种想法，要跟高一这名同学交个朋友，甚至努力争取做好朋友。因为当一个人跟更厉害的人打交道的时候，会进步更快。学校生活是多交朋友的良好时机，拉近与同学的距离，形成情感共振场，逐步铸造出良好的互动仪式链。在这种时效叠加、智慧叠加、情感叠加的互动过程中，这种现实情境的朋友圈，一定能够极大增加自己学习方法的宽度。

最后，就是要尽可能地为其他同学服务。不可否认，在高中阶段，有一些同学只关注自己的成绩、自己的利益，从不关注他人。在学校生活中，要学会关心别人，当同学生病的时候，主动带他去医务室；当同学某次考试失利的时候，关心鼓励而不是幸灾乐祸，主动帮他查找原因，寻找应对办法。这样，你会得到同学的信任，当你有什么需要的时候，也会有人主动帮助你。将来的某一天你会发现：你朋友圈中最好的朋友就是曾经的同学。

学生决定不了学校教育的长度，但可以加强互动，增加学习的宽度。教育教学方法，尤其是学生的学习方法需要用激情去点燃。相信自己的未来会变得更加美好，所有的激情和付出，一定会获得满意的回报。这就是教学方法的情感特性。

从上述对柯林斯的互动仪式链理论的分析中不难看出，作为教师，应有这样的一种工作激情：面对不同的学生、不同的教学内容，设计多种教学方法，在实践中不断体验这种教学方法的有效性，并加以修订。虽然新课标为我们提供了教学的标准，但教学的实施仍然是非常个性化的活动。教学策略和教学方法以及教学活动在很大程度上取决于教师自己。因此，所谓的教学方法其实只是一种建议，只是提供某些教学的基本原则和方法。所谓传统的教学方法、现代的教学方法，这样的区分也没什么太大意义。在何种教学环境下，使用何种教学方法，决定于教师自己的认知。

教师的个性和教学理念，决定教师使用怎样的教学方法去指导学生学习知识。学生的特点、学习环境和学习条件，课堂管理等方法技巧，都决定了使用怎样的教学方法。

三、表演学视角的教学方法

美国社会学家戈夫曼在他的《日常生活中的自我呈现》中提到，一个演员在舞台上扮演某个角色时，下面观众一定期待他能演好这个角色。观众如果观看完演出以后，认为这个演员的表演很好，他们心目中理想的角色就是这个样子。那么，演出就是成功的。如果发现这个演员根本就进入不了状态，表现很糟糕，那么演出无疑就是失败的。同样，学校也是一个大舞台。在学校教育当中，教师、学生等都承担着一定的角色。学生的角色承担意味着学生必须要遵守学校的各项规章制度，遵照学生守则及行为规范，履行一名学生的基本义务。教师的角色意味着教师也必须遵守学校的各项规章制度，教师的行为和规范也必须符合教师职业道德要求，履行一名教师的义务。

教育是人的教育、生命的教育。因此教师的角色承担，本质上属于教育方法论的层次。从表演学的视角来看，学校是一个大舞台、大剧场，是感觉生命和领悟生命成长的场所。学生在学校里，有自己的作息时间，如上课、下课、考试、放假时间等，一切都有条不紊，有自己的时间规则。因此，新入职教师也必须尊重学校的时间规则，备课、上课、批阅作业、布置任务，按要求办事。当前，新高考、新课程的实施，基础教育改革的不断推进，使传统的讲授式课堂教学方式也在逐步改进。在学校教育中，学生逐步习惯于小组学习、讨论交流等课堂教学组织形式时，教师教学空间的物理状态或空间组合会随之发生变化，教学法也必然会发生变化。

从泛化的符号角度上看，教师和学生的服饰也是一种符号、一种语言，这种语言是一种身份、角色和思想的外在表现。作为教师来说，着装大方、得体、整洁，拒绝奇装异服，就是一种角色承担。这种符号、角色也渗透于教师的教育教学方法之中。

现在，多媒体教室已经成为一种标配。先进的设备为教师的角色承担提供了丰富多样的工具选择，由此衍生出多种多样的教学方法或手段。从教育的本源上来讲，这些工具可以帮助学生成长得更快，走得更远。但当这种工具不灵时，我们也要有应对之策。多媒体投影替代不了教师的板书，各种视频和音频资料也替代不了教师语言的艺术。

学校课程离不开生命、知识、建构、感官、经验、体验等关键词。从课程实施的角度上看，课程既是知识，也是经验，更是一种活动。而活动属性的课程更体现在学生通过不同角色实现对世界的理解。教学中可供观察、模仿、表达的动态行为，是新课程活动性的外在体现。游戏性也是活动性课程的另外一个属性，身体的游戏、感官的游戏、精神的游戏。可以说，教师的教学工作是和游戏相互渗透的。从某种意义上看，教师工作渗透着一种游戏的态度、一种工作的追求。课程的实施应该为教师提供一种可以进入游戏场景的情境。教学就是通过一系列表演性行为完成学生成长的精神能量的转换。因此，我们可以把教育教学日常生活都看成一场戏剧、一场表演。在学校教育中，任何人与人之间的交往也都可以看成一场表演。比如，上课是一场表演，讲座也是一场表演。以这样的戏剧观点看待学校，你会发现教育教学方法不仅存在于教室、课堂、升旗仪式、会议室、颁奖活动中，更存在于学校的标语、黑板报、文化墙上。不仅体现在人与人的关系上，更体现在课堂教学之中，体现在学生行为之中。

当我们认可学校教育就是一场表演时，其实还没达到戏剧性的层次。因为戏剧性不仅要求具有表演性，还要求具有故事性、情境性、变化性和可期待性。教师的每一堂课都有人物、角色、情节，有开头、过程和结尾。这就是教育的故事性。不同教师讲故事的风格不一样，有的善于开头，有的循循善诱，有的善于制造高潮，有的善于给一个充满悬念的结尾。因为每一个教师都是一个生命的个体，都有自己的语言风格和叙事习惯。教师讲故事不能一成不变，要有变化性。有时候讲着讲着，就发挥起来，脱离了教材，学生听得还很带劲。同样熟悉的内容，却期待着教师有着不一样的结论，一个令人意外的解释。这就是教学表演的期待性。比如前述教师的着装是一种符号、一种语言。但是某一天，你的班主任老师因为匆忙，衣服扣子扣歪了，却浑然不觉地夹着课本进入教室，相信同学们肯定会精神为之一振，这堂课不一样的开始也就有了不一样的教学效果。

在传统意义上，在教学中实施这种表演性活动，学生是比较被动的一方。他们接受的表演性活动是被动的，是被教师设计安排好的课程，师生的课程表演性活动中，既有欣赏、体验、意识、感伤等情感性活动，也有判断、分析、推理等理性活动。因此，教学方法或教学策略可以看作教育表演的整体性思维或结构性思维。将课程内容、教师自身角色、学生自身角色、教与学的方式、教学情境等用不同的方式组合起来，就是教学策略或教学方法。教学的问题化、情境化、信息化这些新课程教学方法的主要趋势或特点，使新课程教学成为具有更多可能性、多样性以及留有空白性的教学。留给学生角色更多表演的机会、更多想象的空间、更多填空的可能，是新课程实施中教学法的重要趋势。

从表演的角度看学生的学习行为或方法，也是挺有意思的。其实在皮亚杰那里，认知、智力、思维、心理基本被视作同义词。我们知道，认知是先于语言的。语言的表达方法就是一种教育上的表演方式。学校教育中，师生之间通过各自的角色承担、言语交流、思想交流、信息交流等表达交往的过程，就是教育发生的过程，这当中的策略方法就是教育教学的策略方法。从认知心理学角度上看，任何交往都存在基本范畴和概念，也就是图式化的心理学特征。教师的职业般的微笑、教师般的着装、教师般的风度、教师般的语言和语气，熟练地使用粉笔、教具、多媒体等，都是教师生活表演的基础。教师除了在课堂上表演，还有不同等级和规模的表演，比如学校的教研活动就是一种小型表演，这里面因为参与者主要是同行，所以这种表演更多是一种日常生活化的自我呈现。而公开课等观摩课，则是一种中等规模的表演，因为期待有别的角色承担者如校长、教研员等的评价，这当中更多的是一种表演性的自我呈现。至于说全市乃至全省，甚至全国性质的公开课活动，更多的是表演性活动大于日常性的活动。中小学教师同行都知道，这不同规模、等级的表演形式或策略方法的差异是非常明显的。

那么，有读者会问，教师为什么要表演呢？因为从教育本质上看，学校教育通过一系列的表演性行为能促进学生的成长、教师的发展，目的是更好地适应社会的表演。因为我们不仅期待学生在社会上有正常的表演，更期待他们有出色的表演，因为我们作为教师角色，更期待社会观众的更好评价。

第三节　PCK 视角下的地理图式教学方法

教科书为新课程实施的主要教学资源。教科书中文字系统、图像系统以及活动系统的组织，反映出编写者对新课程标准的理解。但是，如果从教学方法角度看待教科书，教科书中很多陈述性的文字表述需要重新审视。首先，要从学生学习的角度看教科书上的文字表述或活动设计，找出学习的问题障碍所在。其次，教科书编写没有考虑学习者性别、地域等差异和特点，能动地、辩证地使用教科书是教学法实施的前提。

美国犹他州立大学教学技术系教授、当代著名教学设计理论家梅里尔认为教学是一种科学，教学设计则是建立在这一科学基础之上的技术。教学设计的首要规则是采用以问题为中心的教学方法。这种以问题为中心的教学方法可以帮助学习者激发相关的知识结构和期望，剖析解决问题的思路，提供解决问题的操练方法，进而将学到的知识应用到有意义的实际活动中去。例如，东亚冬季风是如何形成的，在地理学家看来，就是纯粹的地理学科问题；对于学生来说，就是怎样理解和掌握这种比较宏观的、需要一定空间想象力的问题；而对于地理教师来说，就是采用怎样的方法，促进学生理解和掌握的问题，也就是教学法的问题。因此，地理教师面对的东亚冬季风是如何形成的问题其实是个地理教学问题，需要地理教师对地理学科知识中特定内容准确掌握，需要对学习者的相关学情准确了解，还需要预计到在学习中会遇到什么困难，采取哪些针对性的措施等。因此，地理教学问题不但包括地理学科问题，还包括地理学习者的问题，以及地理教学法的问题。即地理教学问题是地理、教、学三者诸多问题的有机统一，如图 4-2 所示。

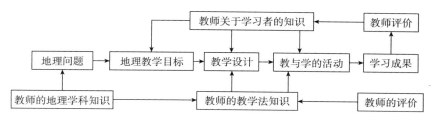

图 4-2　地理教学法（笔者自绘）

教学实践发现：教师之间的教学法问题表述存在着很大的差异，这种差异就是教师的学科教学知识（PCK）水平的差异。

案例："什么是区域"的问题式教学法设计与实施

人教版《高中地理必修 3》关于"区域"的文字表述如下：

区域是地球表面的空间单位，它是人们在地理差异的基础上，按一定的指标和方法划分出来的。由于目的不同，所用的指标和方法不同，人们划分出的区域类型也不同。

区域具有一定的区位特征，以及一定的面积、形状和边界。有的区域的边界是明确的，如行政区，有的区域的边界具有过渡性质，如干湿地区。区域内部的特定性质相对一致，如湿润区的多年平均降水量都在 800 毫米以上。区域既是上一级区域的组成部分，又可进一步划分为下一级区域。例如，东北平原既是东北地区的一部分，又可划分为三江平原、松嫩平原、辽河平原等。

每一个区域都具有特定的地理环境条件，并对区域发展产生深刻的影响。

教科书编写者提出的"什么是区域"的问题，其实只是地理学科问题。而我们作为地理教师，作为课程实施者，要让学生真正明白"什么是区域"，需要将它转换为学科教学问题，并组织实施。下面是以问题式教学法进行的教学实录。

教师：什么是区域？请同学们从书上找出，并大声朗读出相关内容。

教师追问 1：你认为理解教材中关于区域的这段表述，关键词有哪些？

学生：空间单位、地理差异、指标等。

教师追问 2：（随机问几个学生：你老家是哪里的？学生：湛江、汕头等）。当你提到湛江这个区域时，有没有感觉到它其实有一种空间方位、范围等属性。

学生：有，湛江在广东西南部，有一定范围。

教师：同样，龙岗也是一个区域。所以，区域具有"空间性"特征。

教师追问 3：你认为龙岗区、宝安区两个行政区域相比较，谁的等级高？

学生：等级一样。

龙岗区跟深圳市比呢？跟广东省比呢？归纳出区域的"层次性"（等级性）。

教师追问 4：龙岗区、宝安区这些区域是怎样划分的？

学生：行政区划。

教师：那么，中国土壤分布图中，是怎样划分区域的？

学生：土壤类型。

教师：中国气候分布图中，又是怎样划分区域的？

学生：气候类型。

教师：南方地区与北方地区是根据哪一个指标划分的？

学生：不是根据某一个指标，是综合多种指标划分的。

引导学生归纳：区域划分指标有单一指标和综合指标之分，单一指标又可以分为自然要素指标和人文要素指标。

教师追问 5：湛江和汕头地理环境完全一样吗？湛江市内部地理环境绝对一样吗？

引导学生归纳：区域之间的差异性和区域内部的相对一致性。

教师追问 6：森林带和草原带有明确的边界吗？深圳市和东莞市呢？

引导归纳：自然地理区域之间界限相对模糊，存在过渡带（如森林草原带），过渡带生态环境比较脆弱。而行政区域之间界限相对比较清晰。

师生共同归纳：区域的特征有整体性、差异性、层次性、开放性。

达标练习：下图中能正确表达出的区域特征是（　　　　）。

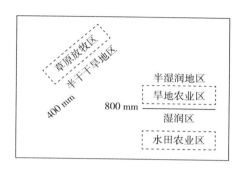

A. 区域具有一定的面积、形状和边界　　B. 区域内部的特性相对一致

C. 区域可划分出下一级区域　　　　　　D. 区域的边界是明确的

［答案：B］

"什么是区域"只是地理学科的一个小问题，通过把这个学科问题转化为教师教学的问题，再转化为学生学习的问题。在课堂实施中，通过不断追问，把这个问题分解成几个小问题，通过阅读、举例、归纳、练习等途径，实现了问题解决，这就是教学方法的实施过程。

第五章　核心素养导向的高中地理图式教学方法

2014 年 3 月，"核心素养"首次出现在《教育部关于全面深化课程改革落实立德树人根本任务的意见》中。2016 年 9 月，《中国学生发展核心素养》总体框架正式发布。目前，《普通高中地理课程标准（2017 年版）》已经颁布并进入实施。地理学科核心素养主要包括人地协调观、综合思维、区域认知和地理实践力，它们作为相互联系的有机整体构成了地理学科育人价值的集中体现，是学生通过地理学科学习而逐步形成的正确价值观念、必备品格和关键能力。除了一般的认知科学理论以外，具身认知等理论也开始进入教育研究的视野。具身认知理论认为，认知是具身的，在人的认知活动中，身体发挥了至关重要的作用。人的身体经验、行为方式、身体结构等对人的认知影响巨大。根据具身认知理论，强调认知图式不仅来自大脑，更源自身体建构。杜威的"做中学"教学原则以及卢梭的"儿童身体力行"思想，都蕴含着具身认知思想。学生的经验源于身体，知觉是身体与环境交互作用的产物。具身认知视角下的地理学习是一种深度学习，打通了教材系统、知识经验和学习心理间的通道，是一种符合核心素养要求的教学思想或教学范式。因此，在核心素养导向下的图式教学方法，对教师而言，是强调教师实践知识获得核心素养导向下认知新图式的重要途径。因为实践知识是教师开展图式教学实践活动的重要智力资源。教学案例、教育叙事等是教师丰富个人图式教学经验的重要媒介。有效的地理学习应该是在"做"中学，在"实验"中学，成为一种具身性认知。因此在地理教学中，教师要构建的教学情境场，激活学生具身认知的外部环境，助推学生身体与心智的同生共长。

第一节　运用图式法激发学生好奇心

新一轮课程改革，重视核心素养的培育。但是核心素养的养成不是靠灌输，而是靠兴趣和好奇心来逐渐培育。激发学生学习兴趣和好奇心的方法有很多，在上一轮课程改革中已有诸多论述，在此不再赘述。下面结合 2017 年版新课标的实施，以"宇宙中的地球"教学为例加以说明。

近二三十年来，在我国的基础教育中，天文学长期处在无足轻重的地位。与此形成鲜明对照的是，我们航空航天科技发展突飞猛进，诸如流星雨、日全食、月全食等天象奇观，常能激发学生强烈的好奇心和学习兴趣。在新课程中，天文学基础是作为选修内容，但是按照地理教学顺序，必修 1 的第一条课标要求就与天文有关。怎样激发学生地理学习兴趣？怎样在新课程理念下改变学生的学习方式？这成为开学第一课设计的首要考量。

案例："宇宙中的地球"教学实录

[时间地点] 2018 年 9 月 3 日，深圳市龙城高级中学高一（12）班教室。

[课标展示] 运用资料，描述地球所处的宇宙环境，说明太阳对地球的影响。

[教学片段 1]

教师展示材料：已知太阳的直径约为地球的 109 倍，地球的直径约为月球的 3.7 倍。月球与地球之间的距离是地球直径的 30 倍，太阳到地球的距离则是地月距离的 400 倍。请做以下实验，比较太阳—地球—月球系统中各天体的相对大小和相对距离。

（1）假定月球的直径为1厘米，计算出地球和太阳的直径。

（2）根据步骤1中的计算值，求出地球与月球、地球与太阳之间的距离。

（3）课后请按比例裁剪出地球和月球的模型，再按比例安放。

学生讨论：假定月球直径为1厘米，也就是月球大约为一个指甲盖大小。根据材料，地球差不多一个拳头大小。太阳的直径为403.3厘米，也就是教室墙面那么大。如果地球直径为3.7厘米，月球到地球之间的距离则为111厘米，也就是1.11米，太阳到地球的距离则为44400厘米，也就是444米。

教师追问：太阳是不断发光的。请问从地球上人类视角来看，太阳是点光源还是面光源？

学生讨论：面光源。所以我们把太阳看成一个点光源是错误的。因为太阳相对地球是个面光源，所以太阳发出的光可以看作平行光。

[教学片段2]

教师展示材料：在一张成比例的太阳系图上，如果将地球的直径缩小为大约一粒豆子的直径，土星大概在300多米外的地方。冥王星大概在2.5千米远的地方，而且小得像一个细菌，你根本不可能看见它。而比邻星呢，大概在距离我们1.6万千米的地方。即使你把土星缩小到像英文的句号那么小，冥王星跟一个分子差不多，那么冥王星依然在10米开外。当你有机会到达冥王星时，我们亲爱的太阳，已经缩小到针尖大小。

请问读完上述材料以后，你有什么感想跟大家分享？

学生讨论：如果地球是我们课桌上的一粒黄豆，土星大约在校门口。冥王星大约在距离学校2.5千米的区人民医院里的一个小小的细菌。比邻星好比在美国。

教师追问：你觉得我们太阳系的真实情况大概是什么样子？

学生回答：空空荡荡。

教师追问：你觉得课本上太阳系示意图是成比例的真实地图吗？

学生回答：不是。应该是示意图，或者干脆看成一幅画。

[教学片段3]

教师展示资料：我国在贵州建有世界最大射电望远镜，形状像一口大锅，望远镜的主要目标是要探测宇宙中的遥远信号和物质。选址于贵州省黔南州平塘县的大窝凼的喀斯特洼地，距离贵阳市160～170千米，选址附近没有基站，也不允许使用手机，因为这些信号都要远远强于来自宇宙的信号，这里只能通过固定电话和外界联络。

读以上材料回答下列问题：

问题1：从贵州"天眼"来看，适合建设天文望远镜的条件有哪些？

问题2：关于选择贵州喀斯特洼地作为射电望远镜选址原因，有不同的观点，有人认为是因为贵州山区人烟稀少，不受射频信号的干扰，也有人认为附近洼地适合建设"锅"状的望远镜，还有人认为附近四面环山的地形形成了天然的反射面，屏蔽了众多人为信号的干扰，更有人说附近洼地地形，多晴朗天气，大气干扰少。你怎样看待这些观点？

学生讨论：略。

[教学片段4]

教师：我们学校是深圳市少数几个适合观测北极星的学校之一。请问怎样找到北极星呢？大家都知道星座，请问全天共有多少个星座？你能辨认出哪些星座？

学生讨论：略。

兴趣是学习的最好动机。核心素养的培育离不开学习兴趣和好奇心的激发。如果从高一开始，地理学习就进入"题海"战术，可能对分数的提高有一时的帮助，但对学科核心素养的培养，对学生发展素养的培育，不是刷题就能解决的。熟悉星空，观测和记录可观测的流星雨等天象，认识几个常见星座，知道织女星与天琴座名称的区别与联系，关注祖国的航空航天事业发展，培养学生的好奇心和强烈的学习兴趣，认识到激发好奇心在促进中学生科学素养形成过程中的重要作用，是教师必备素养。

第二节 阅读素养与图式教学方法应用

　　阅读素养是形成学科核心素养的基础素养。运用图式教学方法提升学生地理阅读素养的步骤主要是：

　　第一步，图式感知，自我建构。教师要注意阅读是学生的个性化行为，要特别重视学生在自我阅读地理材料中的感受、体验和理解，学会抓住材料的关键词句，在图文材料阅读过程中，逐步形成学生自己的看法。教师则顺学而教，鼓励学生归纳、总结出图文材料的关键词语或特征，用联系的图式策略理解关键词语。

　　第二步，图式扩展，实践运用。通过创设与阅读学习主题相关的图式情境，激发联想，唤起已有图式认知结构，通过"同化"或"顺应"，进行认知图式的意义建构。

　　第三步，迁移应用，形成新的认知图式。图式是人脑中已有的知识经验的网络。通过感受、同化、顺应，学生在原有认知图式基础上形成新的认知图式，使学生真正学会阅读，提高阅读能力，进而促进核心素养的提升。下面以2018年全国新课标文科综合能力测试Ⅰ卷第36题为例，探讨图式教学方法对提升学生新概念阅读能力的启示。

案例：新课标Ⅰ卷第36题对提升学生新概念阅读能力的启示

　　有人说地理高考某种意义上是对学生阅读水平的考查，这话很有道理。现在的高考地理命题思路与以前大有不同。以前的命题特别注重对具体的地理学科知识、地理原理、规律以及地理基本技能的考查，现在则更多是给出新情境、新材料，考察考生如何根据新材料、新信息进行判断、推理，综合分析以及预测，进而解决问题的能力。考察在问题解决的过程中，调用地理学科及相关学科知识，乃至生活经验与常识的能力。从近几年的高考试题上看，地理试题图文材料除了具有新颖、简练、图文结合等特点以外，高中地理学习中很少见的新概念、新名词也越来越多。考生如果没有较强的阅读能力，不能在较短时间内对新情景、新材料中出现的新概念的信息进行正确的理解、分析，那么正确答题也就无从谈起。下面以2018年新课标Ⅰ卷第36题第（2）问为例，谈谈高考题对实际教学中提升学生地理阅读能力的启示。

（2018年新课标Ⅰ卷第36题）阅读图文资料，完成下列要求。

俄罗斯是世界重要的天然气开采国和出口国。2017年12月8日，中俄能源合作重大项目——亚马尔液化天然气项目正式投产。该项目集天然气勘探开采、液化、运输、销售于一体，是中国提出"一带一路"倡议后实施的首个海外特大型项目。俄罗斯为该项目配建了港口。由于自然条件的限制，该项目采用模块化施工方式，即将生产线和相关建筑设计成一系列的模块，由全球多地工厂制造，然后运至项目施工现场拼装。模块体积大、重量大，最大的模块重量与埃菲尔铁塔相当。该项目以中国、日本等亚洲太平洋沿岸国家为主要目标市场。中方企业全方位参与设计和建造，数十家企业承揽了85%模块的建造。该项目超过60%的模块和零部件经白令海峡—北冰洋航线运至项目施工地。下图示意图是该项目位置。

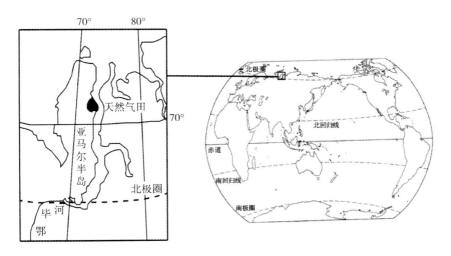

（1）简述俄罗斯配建港口对项目及周边区域发展的经济价值。

（2）说明采用模块化施工方式对该项目建设的益处。

（3）分析开发白令海峡—北冰洋航线对提高该项目产品（液化天然气）市场竞争力的作用。

（4）指出在该项目合作中体现的中俄两国各自的优势。

（参考答案）

（1）对本项目的经济价值：（该项目）运输量巨大，保证该项目建设和运营。可以获得长期、稳定的经济效益。

对周边区域发展的经济价值：为俄罗斯北冰洋沿岸地区及北冰洋上的经济活动提供基地；促进鄂毕河沿岸地区对外贸易的发展，为鄂毕河出海航运提供中转服务。

（2）（该项目）工程量巨大，设计成不同模块，可以由不同地区的工厂同时生产，缩短工期；模块运至现场拼装，减少现场（恶劣自然条件下）施工的时间和难度。

（3）中国、日本（太平洋西岸的亚洲国家）是其主要销售市场；开通白令海峡—北冰洋航线（与苏伊士运河—大西洋航线相比），大大缩减了产品的运输距离和运输时间，降低运输成本，从而降低产品销售价格，提高其在全球天然气市场的竞争力。

（4）俄罗斯优势：资源（能源、天然气）丰富，（天然气勘探开采、液化）技术强。

中国优势：资金雄厚、制造业实力强、运输能力强、市场需求大等。

一、字斟句酌，图式感知

对学生而言，地理图文材料理解的最大障碍也许就是材料中的新概念、新名词。由于平时教学中书本知识及生活经验的限制，学生对脱离教材知识体系及生活经验的新概念或新名词存在较大的认知障碍。一般而言，教材中熟知的诸如地理位置、地理特征、太阳辐射、大气环流、产业链、地质作用、地质构造、地貌、水循环、岩石圈等概念，学生基本不存在理解的障碍。而一些未接触过的，如阶地、降雨量、气候舒适度、物种均匀度、降水相对变率、旗云、污染密集型产业等概念或名词，就需要学生经过思考，结合材料突破认知障碍。本题出现的"模块化施工"概念在教材及教学中几乎没有涉及。命题者也考虑到这一点，给出了文字解释："即将生产线和相关建筑设计成一系列的模块，由全球多地工厂制造，然后运至项目施工现场拼装。模块体积大、重量大，最大的模块重量与埃菲尔铁塔相当。"对这种解释性的新概念，学生需要调用文本阅读的基本技能：对句子结构进行分解式阅读，快速分清主谓宾结构，准确理解字、词、句的含义和表达作用，先要从字面上图式感知"模块化施工"这种新概念的含义及主要特点。

二、联系实际，图式扩展

概念之所以能构成阅读障碍，是因为它是理性思维的基本形式之一，是客观事物的本质属性在人们头脑中的概括反映。也就是说，概念是人们在感性认识的基础上，从同类事物的许多属性中，概括出来的特有的属性。"模块化施工"这一概念，对于绝大多数高中生来说，缺乏一种感性认识的基础，在考场上很短的时间内，很难准确理解其特有的属性。因此，从概念的认知形成过程中反推出一种降低概念理解难度的方法，就是联系实际，找出同类事物来举例说明。从图式理论视角上看，就是图式扩展，丰富和完善已有图式的内容。

在我国，建筑业的模块化施工有很多成功的案例。比如新闻报道中某集团短短十几天就完成了近30层大厦建筑的施工。在施工过程中，工人像搭积木一样，快速地安装框架和建筑钢材，整个建筑施工场所，没有任何建筑垃圾。模块化施工方式对工人的技术要求比较高，文化程度较低的农民工无法胜任施工要求。此外，模块化施工方式在物流业、建材业，乃至高铁施工都有广泛应用。可以说，模块化、标准化、自动化已经成为我国工业生产的新特点。因此，地理学习不能只拘泥于课本，地理备考的思维不能只停留在劳动密集型、原料指向型等传统的概念认知图式上，需要与时俱进，跟上时代的步伐。在全球逐步迈入工业4.0的背景下，有意识地加强智能制造、大数据、云计算及"互联网＋"等方面的阅读，联系新闻报道、生活实践，强化对如物联网、深层地热、云计算、暗物质、分子器件、量子通信、生物抗逆性等新科技、新概念、新名词的阅读，丰富和完善已有图式，逐步形成新的认知图式，是高考题对新课程实施的启示。

三、综合思维，形成问题解决新图式

通过图文材料的阅读，结合设问指向，调用学科知识及生活常识，进行综合思维，可以提升高考地理题的阅读质量。通过阅读，明确问题的初始状态：模块化施工的主要特点和项目的地理背景，问题的目标状态：说明采用模块化施工方式对该项目建设的益处，再经过综合思维，不难找到问题解决的路径（答题思路），如图 5－1 所示。

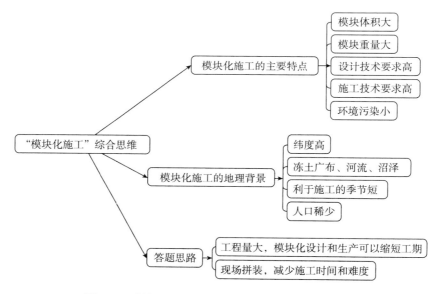

图 5－1 "模块化施工"综合思维导图（笔者自绘）

四、迁移运用，提高新概念的阅读能力

下面以笔者在备考中的一个教学片断为例，来说明在教学实践中怎样提升学

生新概念的阅读能力。

（2009 年福建文综第 37 题）下图中的主要国家是拉丁美洲经济一体化集团的重要成员国。甲国为拉丁美洲人均 GDP 较高的国家，与中国有良好的贸易关系，2006 年 8 月双方签订了农田灌溉系统建设、矿产品开采、机电生产等多项协议。

（1）说明甲国建设农田灌溉系统的自然原因。

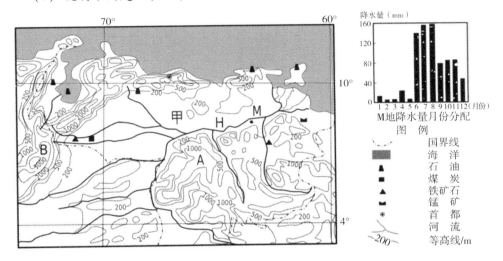

【教学片段】

问题提出："灌溉系统"并非高中地理课标要求掌握的地理概念。材料中也没有对灌溉系统做个解释性描述。怎样理解"灌溉系统"及"建设原因"这两个关键词，将直接关系到能否正确答题。

步骤一：回忆旧知，激发原有认知。

教师：请同学们用红笔重点标出"灌溉系统"这一概念。讨论并说出你对"灌溉系统"的理解。

学生：灌溉跟农业生产和自然状况有关。从图中可以看出，降水季节分配不均，干季降水少，构成了水资源上的供需矛盾。甲国的地势、河流等区域地理特点，决定了灌溉系统建设的自然条件。

步骤二：联系实际，进行图式精练。

教师：用学科知识及生活常识，说出灌水和排水的区别。灌溉和灌溉系统的区别。

学生：灌溉，表面上的灌水，但不能只灌不排。尤其是平原地区的灌溉，既要考虑灌水，又要考虑排水，以免只灌不排导致生态环境退化。灌溉系统实际上是一个工程系统，包括储水系统、引水系统（灌水系统）和排水系统。

步骤三：根据设问指向，形成新图式。

师生讨论、互动交流：本题中的"建设原因"，其实是指建设灌溉系统的必要性与可行性，必要性可以从当地的气候及农业需要出发进行思考。可行性，则从地形、水文等角度进行思考。

参考答案：以热带草原气候为主，干湿季明显；干季需要水源灌溉；中下游平原地势地平，雨季需要排涝；山区适宜建水库。

总之，在地理学习过程中，阅读是学生获取各种信息的基本手段。阅读能力的高低直接影响学生地理学习的质量。因此，在教学实践中，教师应有意识地加强阅读能力的培养，注重引导学生突破影响阅读的认知障碍。特别是在新情境、新材料中，对直接影响答题的新概念、新名词，要用句子结构分解式阅读进行字斟句酌、反复推敲，激发原有认知图式。联系实际，用对比阅读降低阅读难度，丰富图式内容，进行图式精制。结合问题指向，再进行综合思维，针对性地进行地理阅读能力训练，形成新的认知图式，提升学生地理阅读水平。同时，加强地理实践，积累生活经验及常识，促使图式不断丰富和完善，促进地理阅读能力的不断提升（本案例为笔者论文，发表于《中学地理教学参考》（上半月）2018年第8期）。

第三节　区域认知与图式教学方法

区域认知是地理学科四大核心素养之一。《普通高中地理新课程标准（2017

年版）》将区域认知界定为一种认识地球表面复杂性的思维方式和能力，即区域认知是依靠区域关联、区域比较、区域综合等角度认识区域现状及发展特征和规律的一种策略或视角。因此，从学科教学知识的视角上看，区域认知是地理学科思维方式，又是一种地理学习应具备的能力，更是一种地理教学的方式或手段。学生区域认知素养的真正落实，有赖于教师教学方式的转变带来的学生学习方式的转变。教学方法的传承与优化在核心素养导向的高中地理教学实践中具有现实意义。在上一轮课程改革中，立足于认知心理学基础上的图式理论在地理教学中的应用研究已有一定的进展。在地理教学中，运用图形语言解释地理事象、分析地理原理、解读地理规律、评价地理问题，使地理知识的建构形象化和系统化的图式教学方法已成为地理教育实践的共识。那么，怎样传承和优化图式教学方法，寻找有效培育区域认知素养的实践路径，进而带动学生学习方式的转变，是处在新课程改革实践最前沿的一线教师义不容辞的责任。笔者结合高二区域地理——中亚的复习，从区域关联、区域感知、区域比较、区域综合等角度，运用图式教学方法培育中亚区域认知素养做了初步尝试，作为引玉之砖。

一、生活情境创设，关联新旧区域认知

【情境创设1】

［提出问题1］为什么要学习中亚？中亚跟我们生活有什么关联？

［教师］据课前调查，大家都没有去过中亚。今天是12月7日。老师注意到昨天同学们还穿着短袖，今天基本都换上了长袖，说明天气突然变冷了。我们来看看，究竟哪里来的冷空气让习惯穿短袖的广东人也穿起长衫呢？

［展示资料］"Boss级"冷空气即将抵达。11月30日上午，西伯利亚冷空气已来到哈萨克斯坦境内，12月1日进入新疆北部，12月1～4日主要影响北方，12月5～9日影响除西藏和云南之外的全国大部。

【教学反思1】瑞士心理学家皮亚杰认为图式是指个体对世界的知觉、理解和思考的方式。因此，图式与区域认知存在关联，图式教学重在图式的建构，重在将地理思维进行可视化的表达。图式教学是达成区域认知的有效路径。因此，

选择什么样的信息作为建构新认知图式的起点，非常重要。如果选择导入的信息与学生原有认知图式中的某一变量具有关联性，则新信息就会比较容易地纳入新认知图式的建构过程中。如果选择的信息与新认知图式建构没什么关联，则新认知图式的建构效率就会降低。相比直接读中亚地图，将身边的天气变化等地理事物与遥远的中亚建构某种关联，更容易得到学生原认知图式的注意，符合建构区域新认知的规律。本节课授课对象是深圳市的高二学生。深圳位于南部沿海，远离中亚，全班学生也没有人去过中亚，谈不上对中亚的感知。上课当日，正值一股罕见的强冷空气南下，深圳气温陡降。根据气象台站报道，这股冷空气 11 月 30 日在哈萨克斯坦，经过长途跋涉，12 月 7 日才到达深圳。因此，将这种与生活实践有密切关联的信息作为区域认知的导入情境创设，设疑激思，容易唤醒学生的旧认知图式，并与新认知图式建立某种关联，符合区域认知能力建构的基本规律。同时，这种时事情境导入的区域认知培养途径，也是培养学生关心时事、了解家乡、热爱家乡的情感需要。

二、距离情境创设，建构区域比较认知

【情境创设 2】

[提出问题 2] 查找地图，从深圳到哈萨克斯坦的最大城市阿拉木图陆路怎么走？大概有多远？从海路到达中亚呢？

[学生讨论] 从深圳可以坐火车到乌鲁木齐，再从乌鲁木齐转车去阿拉木图。初步估算行程大概有 6000 千米。如果走海路，则从深圳港口由南海到印度洋，再到阿拉伯海，陆路再走约 1100 千米才能到达中亚。同样，从大西洋到地中海，再到黑海，上岸后再走约 1100 千米。从上海到中亚，距离也有 3750 千米。由这样的距离数字，可以得知中亚深居内陆。

[教师]（展示资料）中亚总面积 400 万平方千米，人口 5000 万。中国总面积 960 万平方千米，人口 14 亿。哈萨克斯坦总面积 272 万平方千米，人口 1700 万；印度总面积 298 万平方千米，人口 13.39 亿（2017 年）。塔吉克斯坦总面积 14 万平方千米，人口 780 万；中国广东总面积 17.97 万平方千米，人口 1 亿

（2016年）；中国深圳总面积2000平方千米，人口2000万。从这些数据中，你能得到怎样的结论？

[学生] 中亚地广人稀。

【教学反思2】培育区域认知素养，区域比较是个很重要的方法。区域比较的关键是结合学生特点，选择合适的事物作为参照物。广东地处沿海，中亚深居内陆。因此在中亚区域比较认知中，广东是个合适的参照物。区域认知中的区域比较视角，主要从方位、距离、邻接关系等角度描述。创设区域比较的情境是达成区域认知图式教学的重要路径。从深圳坐车到达阿拉木图的空间距离，从印度洋、大西洋、北冰洋沿岸到达中亚的距离，这些方位、距离就是一种情境，可以很容易达成中亚区域认知中深居内陆的特征以及由此演绎的地理规律。从图式教学来看，深居内陆是中亚区域地理要素中特别显著的象征和标志，对中亚其他要素如气候、水文、植被等特征性状态的表达，构成了认知图式的关联。中亚地广人稀的特征又为其农牧业、自然资源利用等特征的理解奠定基础。因此，区域认知决不单纯是空间定位那么简单，而是认知区域的一种思维方式或能力。核心素养导向的高中地理教学，区域认知不是单纯的知识教学，而更加侧重学生对所处地理环境空间格局的观察和感知能力的提升，养成用空间－区域的视角去认识地理环境的基本素养。

三、创设色彩中亚情境，强化区域感知

【情境创设3】

[教师] 布置任务：请在分层设色地形图上找到哈萨克丘陵、图兰平原、帕米尔高原、天山；里海、咸海、巴尔喀什湖、阿姆河、锡尔河、伊犁河；找到中亚哪些重要的农作物分布区；主要的矿产资源，并用彩笔描出50°E、80°E两条经线，40°N、50°N两条纬线。并朗读以下顺口溜：

中亚有五国，哈塔吉乌土；

欧亚铁路桥，丝绸之路古；

五国内陆居，高原平原主；

气候多干旱，卡拉沙漠著；

河湖多内流，灌溉引阿姆；

产棉世第三，白金之国乌；

矿产储量大，煤铁油气富。

［教师］观看中亚自然风光短视频。人们常用"蔚蓝、金黄、雪白、深绿、暗黑"来概括中亚最突出的地理要素特征。请问它们分别对应的是什么？

［学生］它们分别对应"蔚蓝水源、金黄小麦、雪白棉花、绿色草场、黑色能源"。

［教师］这些色彩印象有哪些与你想象的不一样？为什么？

［学生］蔚蓝水源，中亚有世界最大湖泊——里海，有曾经的世界第四大湖泊——咸海，还有巴尔喀什湖。此外，中亚还有冰雪融水补给的阿姆河、锡尔河、伊犁河。金黄小麦、雪白棉花都离不开这些河水的灌溉。黑色能源主要是石油和煤炭。里海沿岸有丰富的石油资源，通过中哈输油管道，加强了中亚与中国经济联系。

［教师］展示中亚五国的国旗、国徽图片。

［学生］讨论其含义（略）。

【教学反思3】

通过简单的色彩描绘与对比，以及简洁的顺口溜文字描述，形象再现区域特征，构架起区域认知思维的"桥梁"。这种区域感知的图式教学方式对高中生依旧有很好的学习效果。色彩中亚利用分层设色地形图的色彩特点，视频图像等视觉色彩冲击为区域认知的另一个重要方法。蓝、黄、白、绿、黑，加上中亚五国的国旗、国徽颜色，如白色的棉花、金黄的麦穗等，对中亚区域认知的感知又得以体现。这种图式感知能力培养，对从不同国家国旗、国徽的色彩对比等角度看待世界，建构对世界的图式认知很有帮助。在生活中，观看奥运会、亚运会及新闻时事中呈现的中亚五国国旗国徽能很直观地联想到中亚的某些典型自然、人文特征，正是培育区域认知素养的作用体现。

四、心图中亚，培育区域综合认知

【情境创设4】

[教师] 请在笔记中画出中亚位置与范围、自然地理特征、人文地理特征简图。

[学生] 绘制简图中亚如图5-2所示。

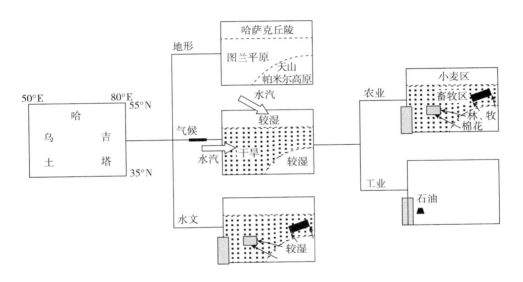

图5-2 "简笔画"中亚思维导图示例

资料来源：邓晶. "世界区域地理——中亚"说课设计 [J]. 地理教育，2017（4）：19-20.

【教学反思4】心理学上把用来表征知识间关系的图形、图表、知识框架图统称为"图式"。简单的图画加上简洁的文字说明，就是心理地图的建构。心理图式的建构在培养学生的空间思维能力和逻辑推理能力具有重要作用。因此，建构心理地图对促进学生区域认知中区域综合思维的形成具有重要作用。中亚区域的位置、范围和地形，与中亚的气候、水文等自然地理特征及农业、工业等人文地理特征具有内在联系，绘制中亚心理地图这种简画图式可以将中亚地理事象的时空规律及影响因素建立有机关联，有助于将这种规律或关联的思维过程进行可视化表达。这种图式教学方式有助于促进学生区域认知学习方式的转变，从而有助于学生更好地掌握区域认知的规律特征，理解区域地理事象发生的前因后果或内在规律，实现学科内综合达到学科区域认知素养的提升。

五、跨学科融合，提升区域整体认知

【情境创设 5】

[教师]（政治题）"一个好兄弟不如一个好邻居""与邻为善"。改革开放以来中国的外交中，最能体现这种思想的是（　　　）。

A. 中美历经曲折，最终建立外交关系　　B. 参与发起创立亚太经合组织

C. 积极参加世界贸易组织　　　　　　　D. 发起成立上海合作组织

[答案] D

[教师]"上海五国"机制源于中、俄、哈、吉、塔 5 国加强边境地区信任和裁军谈判进程。2001 年 6 月 15 日，中、俄、哈、吉、塔、乌 6 国元首在上海宣布，在"上海五国"机制的基础上建立上海合作组织。题干中"与邻为善"，考查的是邻国关系。

[教师] 请朗读下面一首诗。诗中的"苜蓿""天马""蒲桃"分别是指什么？

送刘司直赴安西

[唐] 王维

绝域阳关道，胡沙与塞尘。

三春时有雁，万里少行人。

苜蓿随天马，蒲桃逐汉臣。

当令外国惧，不敢觅和亲。

[学生] 苜蓿是一种草本植物，又称三叶草，是中亚地区主要牧草。天马指阿哈尔捷金马，又称汗血宝马、大宛良马，原产于土库曼斯坦。"蒲桃"即葡萄。

[教师]（历史题）有人说，不是张骞通西域，安有佳种自西来。请问"自西来"的"佳种"具体指什么？至少列举两个。自"东"向"西"传播的东西

又有哪些？至少列举出两个。

　　[学生]"自西来"的"佳种"具体指良种马、葡萄、香料、苜蓿、玻璃、宝石、核桃、石榴等（答出两个即可）。自"东"向"西"传播的东西又指丝绸、漆器、开渠、凿井、铸铁（答出两个即可）。

　　【教学反思5】公共参与是政治学科核心素养的重要组成部分。培养学生公共参与意识是形成正确价值观、人生观和世界观的重要途径。利用上海合作组织与亚太经合组织、世界贸易组织等对比，强调好邻居、与邻为善等政治思想和地理思维的关联。让学生在地理课堂上感悟到政治学科核心素养的提升也离不开地理学科区域认知能力的培养。而时空观念、家国情怀等历史学科核心素养更与区域认知能力的培养密不可分。选择历史学科的古丝绸之路、语文学科的王维诗句欣赏进行跨学科融合教学，对树立学生整体学习观，树立对客观事物或现象的全面认知也很有帮助。地理学科知识也为政治、历史、语文等学科学习提供了新的视角。用区域认知的视角去解决语文、政治、历史等学科学习过程中的问题，突破学科界限培育跨学科区域认知能力的提升，是学生发展核心素养导向的区域认知的本质属性。

　　综上，区域认知是地理学科核心素养的有机组成部分，是2017年版新课程标准的重要理念。因此，区域认知能力的培养除了对区域本身认识的培养以外，还包括用区域的方式认识客观事物的能力培养。从学科教学知识的角度中看，区域认知既是地理学科知识，也是地理教学知识，更是学生应具备的学习能力。选择合适的教学方法将区域认知转为为学习者具备的必备知识和关键能力，是新课程背景下落实核心素养的首要任务。图式教学方法是地理课程实施的传统教学方法。本书以中亚区域认知能力培养为例，从选择时事信息实现新旧认知图式关联、选择合适参考物描述区域空间关系、借助色彩和简洁的语言表达强化区域感知、利用心理地图构建区域认知图式、学科内及跨学科融合提升区域认知素养等角度，创设图式教学情境，努力实现区域认识素养的达成。尝试从文字、图像、色彩、声音多维度、文史等多学科开展主题式、整体式教学。当然，区域认知素养最终实现绝非一日之功。从区域认知等核心素养培育的视角重新审视教学资源、教学方法及教学内容等的选择，实现由教师教学方式的转变带动学生学习方式的转变，从而真正实现区域认知等核心素养理念的落实，才是新一轮课程改革最终取得成功的关键。

（本案例为笔者论文）

第四节　地理实践力与图式教学方法应用

地理实践力是地理学科的核心素养之一，地理实践力既内化为学生隐性的意识、态度、精神等素质，又外显为具体的、可操作的、能够应对现实问题的一种能力或行为。地理实践力的培养，一定要把学生带到真实的、复杂的世界中，陶冶情操、磨炼意志、开阔眼界，最终外显为实践中的积极能动的态度、责任和独立生存能力。因此，运用图式教学方法培育地理实践力的主要路径就是学生能够运用所学知识和地理工具，在野外、室内和社会的真实情境中，通过考察、实验、调查等方式获取地理信息，对已有的图式认知进行同化、顺应，在探索和解决实际问题过程中，具备活动策划、实施的行动能力，形成新的有关地理认知图式。因此，从图式理论角度上看，地理实践力的培养主要有三大步骤：

第一步，布置任务，培养学生收集和处理地理信息的能力。利用图书、图像、网络资源获得间接信息。利用实地考察获得直接信息。动手实验获得一手数据。增强"生活处处皆信息""信息取舍增价值"的信息加工意识。在多样的环境中，养成提出问题的良好习惯，树立问题导向的学习意识。

第二步，问题导向，具备设计地理实践活动方案的能力。逐步养成具备团结协作的态度和能力，能够正确使用地理图像、图表、模型等以及地理信息技术的能力。

第三步，在实践活动中，不断感悟和思考。提升实践活动质量，逐步提升实践活动实施的能力。

案例：利用研学旅行信息　提升图式信息获取与加工能力

目前，各地研学旅行活动开展得如火如荼。微信、QQ、美篇、博客等"自媒体"成为研学旅行信息分享的重要平台。这些自媒体平台共享渠道的开放性、易用性以及高时效、互动性强等特点为研学旅行信息的快捷制造、迅速传播与即时交流提供了便利。来自自媒体上的研学旅行信息，为我们提供了非常生动、翔实丰富的地理学习资源，带给我们鲜活的地理信息。来自研学旅行现场的图像资料更是为大家提供了平时难以接触到的地理感性知识。但这些研学旅行信息传播得快，"消失"得也快，稍不注意就会淹没于浩瀚的互联网信息之中。关于如何利用自媒体研学旅行信息，促进地理媒介学习能力的提升，提高学生媒介素养，笔者以"中学地理教学参考"微信公众号推送的2018年暑期新疆研学旅行活动信息为例，谈谈个人体会，以作引玉之砖。

一、利用研学旅行信息丰富地理图式

文字、图像、视频是地理研学旅行媒体信息的重要载体。图像不仅显示了地理事物的外显特征，图像拍摄的地点和时间更揭示了地理事物的时空一致性，让我们如身临其境。图像、视频有助于研学旅行信息进行定格和保存。图文结合，使研学旅行过程表达更符合地理学的特点。地理教育要求学生必须具备基本的媒介素养。所谓媒介素养就是人们面对不同媒体信息时所表现出来的信息选择、分析理解、质疑及思辨等能力。对于学生来说，能够判断媒介信息的意义和价值、能够有效地利用媒介信息达到发展自我的目的，对于自身核心素养的提升非常重要。指导学生依据自媒体研学旅行信息，设定学习目标、进行可能的学习活动指导，也是教师的必备素养。

笔者认为，对自媒体中图文信息，一般可设定如下学习目标：①学会推测图片拍摄者的位置、取景角度。②运用所学知识合理解释特殊景观的形成原因。③学会用不同方式去描述同一个地理事物的技巧等。针对学习目标可提供如下的学习活动指导：①观看自媒体上传播的自然风光图片，记下作者描述这些景观的形容词。②尽可能将它们按所在区域、形成成因、形状等进行分类。

对于自媒体中视频信息，一般可设定如下学习目标：①学会利用视频描述方法正确表达地理事物或现象。②学会选择合适的声音或音乐表达地理事物或现象的氛围。针对自媒体中视频信息可提供如下的学习活动指导：①通过视频，评价对这个地区的初步印象。②尝试分析视频中声音或音乐的特点及作用。

对于来自不同媒体的研学旅行信息，可以确定如下学习目标：①明确描述自然现象的证据差异。②对不同媒体图片中反映的现象进行对比分析、把自己对图片的描述与不同媒体的描述进行对比分析等。

二、利用研学旅行信息拓展地理图式

在"中学地理教学参考"微信公众号（以下简称中地参）2018年暑期新疆研学旅行活动信息中，分享了线路设计、沿途地理考察见闻及对相关地理现象或问题的诸多思考等地理信息。这些精彩描述对于因种种原因错过本次研学旅行活动的地理师生来说，是非常难得的学习机会。笔者将此公众号内容分享到学生微信群，并制定了学习目标和学习活动指导。

【素材1】中地参公众号2018年新疆研学旅行纪实（1）中安集海大峡谷谷壁冲沟、发辫状泥河图文信息（图文见该公众号）。

学习目标：①请简要描述图像所在区域的自然地理特征。②请简要说明安集海大峡谷的成因。③请简要说明图中发辫状泥河的形成原因。

学习活动指导：①请画出作者描述这些景观的关键词，并在学习微信群中向同学们分享你的想法：为什么这些是关键词？②图中为什么是发辫状泥河？请说出你的理由。③运用所学知识，描述图像所在区域的自然地理特征，说出这样描述的主要证据有哪些？④简要说明安集海大峡谷的成因，并指出哪些峡谷的成因与其相似。⑤请对安集海大峡谷的环境演变做出你认为合理的预测，给出这样预测的理由。

设计目的：培养学生的媒体信息选择能力、理解能力及分析能力。

【素材2】中地参公众号2018年新疆研学旅行纪实（1）中怪石峪的乔利橘

色藻（图文略）。

学习目标：①运用所学知识解释图中"海豚"地貌的形成原因。②分析图中"海豚"背部橘红色形成的自然条件。

学习活动指导：①简要说出图中所在区域外力作用的具体表现过程，并说明理由。②上网查找乔利橘色藻生长的环境特点。

（学生发送到微信群的内容要点：乔利橘色藻生长在海拔 3800 米以上高山河谷地带的块石表面上，使石块呈橘红色。呈橘红色的原因是因为该藻细胞内富含一种叫虾青素的类胡萝卜素，使它能在强烈的紫外线环境中得以生存。目前在我国四川马边大风顶主峰红石滩景观、四川海螺沟红石滩景观、新疆怪石峪等地均有因乔利橘色藻生长而形成的红石自然景观）。

设计目的：培养学生的媒介信息提取能力、思辨能力及基于互联网的问题解决能力。

【素材3】（某地试题节选，资料来自百度）贡嘎雪山（29°35′N，101°52′E）海螺沟景区位于川西横断山区，以雪山、云雾、冰川、森林、阳光、红石、温泉闻名遐迩。在海拔 2100～3800 米，有著名的贡嘎山海螺沟红石滩。夏季的海螺沟潮湿多雾，宛如仙境。远远望去，沟谷中的冰川融水因富含矿物质，形成一条奶白色的河流，河流两侧的河滩石头表面，洒满红色"涂料"，似一条"红毯"。经科学家研究，这种红色"涂料"实际上是一种藻类——乔利橘色藻，该藻类喜潮湿的地表，有一定的耐低温性，而在光照条件好的向光一侧，红色会更鲜艳。根据材料分析海螺沟"红石"形成的自然条件。

（网上百度的参考答案）此处潮湿多雨雾，导致岩石表面潮湿，满足橘色藻喜湿的生长习性；冰川融水提供丰富的矿物元素，为藻类提供营养；此处海拔较高，光照条件好，橘色藻颜色艳丽；此处位于板块交界处，地壳运动活跃，温泉水提高了岩石表面温度，适宜橘色藻生长。

针对此案例，笔者设计了如下学习目标及学习活动指导：①你觉得此参考答案对海螺沟"红石"形成条件的解释适合怪石峪吗？请在微信群留言，说明你的观点和依据。②参考答案中提到"温泉水提高了岩石表面温度，适宜橘色藻生长"。请问你是否同意这种观点，给出同意或不同意的理由。

设计目的：培养学生对媒介信息的质疑能力及思辨能力。

【话题讨论】作者在新疆研学旅行中发现北疆竟然有冬小麦。你觉得这个"发现"与地理教材中的表述有什么不同？请将你认为合理的解释发至微信群，并请同学们自由讨论。

设计目的：尽信书则不如无书。培养学生对教材的质疑、思辨能力。

作为具身学习，研学旅行倡导走进自然，融入社会，在真实的环境中体验、感悟，增长知识、增长才干，其中的自然体验、社会参与、专家指导等对学生核心素养的发展具有无可替代的作用。但是我们也要清醒地认识到，并不是所有师生都有条件走出去开展研学旅行活动。然而借助日益发达的自媒体技术，找到他人研学旅行的信息却并不难。他山之石，可以攻玉。如何利用他人研学旅行活动信息，进行问题聚焦、尝试问题解决，培养提取信息能力、分析理解能力以及质疑思辨能力，丰富和完善自身的地理认知图式，是必备的媒介素养，也是地理图式学习的一种重要形式。

（本案例为笔者论文）

案例：校园"红月亮"月全食观测

2011年12月10日，深圳上空上演了10年来可观测时间最长的一场月全食。月全食是怎样形成的呢？月全食的过程究竟是怎样的？带着这些问题，我们龙城高中地理组师生开启校园"红月亮"月全食观测之旅。

同学们在网上查找本次月全食出现的时间、月全食的形成原因。做好充分准备后，开始月全食观测。当日夜晚，深圳天气晴朗，凌厉的寒风阻挡不了地理组师生观测这次难得天象的热情。

19：40，在老师们的帮助下，三台天文望远镜已经完成了现场架设与调试，近百名爱好天文观测的学生已经在望远镜前排起了长龙。这时龙岗电视台的三位记者也闻讯赶来，其中吴记者现场采访学生，苏记者拍摄参加观测活动的师生后自己也拍摄月食。谢老师和成老师跑前跑后，调试天文望远镜。罗老师现场给同学们讲解相关的天文地理知识，回答同学们的提问。20：45，初亏即将开始，大家开始激动起来，或是借助望远镜在观测，或是拿起相机拍摄，或是直接抬头望月，寒风中的学校实验楼五楼楼顶已经聚集许多学生，大家相互交流今晚的"红月亮"。此刻寒冷的天气没有阻挡住一批又一批自发前来观赏月食的同学们。连留在校园的其他领导、老师也都被吸引了过来。福安学校的黄校长也出现在了现场。22：06，月球进入地球的本影区，大家等待已久的红月亮即将上演。22：57，红月亮结束，月球再次逐渐露出它的脸。

此次月全食观测科普活动顺利结束。据初步估计，现场参与观测的师生人数超过400人。继2009年4月18日举办路边天文活动、2009年7月22日赴武汉观测日全食、2010年1月校园观测日偏食之后，在"红月亮"下，龙城高中地理组师生今晚又上了一堂生动的地理课，图5-3为师生观测月全食。

图5-3 龙城高中师生观测"红月亮"月全食（笔者拍摄）

案例：问题式学习——日晷仪

日晷是古代的一种测时工具，其测时原理是利用太阳照射下，物影的移动来指示时间。日晷由晷盘和晷针组成，可分为赤道日晷、地平日晷等不同种类。赤道日晷晷盘应与地球赤道平行。晷针要垂直穿过晷盘中心，并指向正北、正南方向。晷针针影在晷盘上移动的角度与太阳在天空中移过的角度是一致的。

问题1：请问学校（大约位于北纬22°、东经114°）地理园日晷仪摆放是否正确？并说明理由。

问题2：当日晷仪的晷针影恰好在晷针的正下方，请问当地时间大约为几点？北京时间呢？

问题3：冬至日，当日晷仪晷针影恰好与晷针正下方的刻度线重合时，此时的太阳高度是多少？

问题4：如果在北京（大约北纬40°）某校安放日晷仪，请问晷盘与底座水平面的夹角应该为多少度？

地理园内的各种模型和设施及开放的课堂环境，有利于转化为教学情境，针对这些情境设置问题，有利于将抽象的地理事物具体化，将抽象的地理过程形象化，学生在观察观测地理模型、回答相应问题时也对学习内容的理解更为深刻。在动手、动眼、动嘴、动脑的过程中提高其实践能力，符合新一轮课改发展地理学科核心素养的教育目标，也可以带动学生理论联系实际，促进其各项能力的提高。

第五节　人地协调观与图式教学方法应用

人地协调观是人类与地理环境的关系。人类的生存和活动，都受到一定的地理环境的影响。地理环境既包括存在地域差异的自然地理环境，又包括在人类作用下已经改变的地理环境。人地关系是地理教育研究的中心问题。从地理教学的角度上看，人地关系可以分为三个重点：一是地理环境对人类活动的影响；二是人类对地理环境的作用；三是协调人类与地理环境的关系。但是，人地关系的这种表达，更多的是一种理念。教师在基于人地协调观学科核心素养的教学设计和教学实施时，容易对学科核心素养的理解和认识产生形式化的表达，在教学设计及实施上产生口号式的教学行为，不利于学生学科核心素养的真正养成。

如何运用图式教学方法，培育学生的人地协调观呢？主要操作步骤如下：

第一，创设真实的问题情境。真实的问题情境是学生学科核心素养形成和发展的重要平台。

第二，设计与地理知识相对应的问题群，产生解决问题的任务群，由此促使学生进行自主、合作、探究的学习活动。

第三，在解决问题的过程中，构建地理知识、方法、观念间的联系，达到知识结构化、方法结构化、观念结构化。进而帮助学生建构人地协调观的认知图式。

案例："不可滥种树"

某研究小组认为，在冰雪覆盖的高纬度地带植树造林可能加剧全球变暖。造成这种结果的原因可能是在该地带植树造林（　　　）。

A. 增加了对 CO_2 的吸收　　　B. 降低了地面反射能力

C. 降低了大气相对湿度　　　D. 增加了土壤有机质含量

问题评价：该题以在冰雪覆盖的高纬度地带植树造林可能加剧全球变暖为素材，以分析造成这种结果的原因为设问角度。素材简洁，设问新颖，考查学生地理思维能力导向明显。尤其对地理创新思维能力的考查成为试题亮点。众所周知，日常地理学习中，树林作为碳吸收源可以减缓气候变暖，植树造林可以具有防风固沙、涵养水源、保持水土等生态效益几乎成为思维定式。选取植树造林的作用这一角度作为试题，有利于改变学生原有认知，形成新的认知图式。

问题解析：若是植树造林增加了对 CO_2 的吸收，则会减缓全球气候变暖。在冰雪覆盖的地带植树造林，由于森林相比周围环境颜色更深，会吸收更多阳光，在降温方面效果不明显。枯树腐烂，虽可以增加土壤有机质含量，但与加剧全球变暖无因果关联。植树造林增加了植被覆盖率，降低了地面对太阳辐射的反射能力，使地面吸收太阳辐射能力增强，地温升高，地面长波辐射增强，使近地面气温升高，可能加剧全球气候变暖。这种认识，可以改变全球变暖的已有认知图式，形成新的认知。因此答案是B。

植树造林可以起到改变局部小气候，涵养水源、保持水土、美化环境等作用，这是基本认知图式。但是，考虑到地球上自然环境的巨大差异性，人类活动与自然环境的相互作用和相互影响，应因地制宜，具体问题具体分析，结合区域特点形成新的认知图式。换句话说，人地协调观的地理认知图式具有地方性的特征。

第一，高纬度地带植树造林。在冰雪覆盖的地带植树造林，一方面，森林与周围环境相比因为颜色更深，会吸收更多阳光，在降温方面效果不明显。另一方面，植树造林减少了阳光反射，可能反而加剧气候变暖。

第二，热带雨林地区植树造林。虽然树木进行光合作用时能吸收 CO_2，然而当树叶乃至整棵树最终腐烂时，部分 CO_2 会重新回到空气中。因此在热带雨林地区，因气候潮湿，枯树腐烂，这时导致树木死亡的干旱等自然力量可以让雨林成为 CO_2 净"排放源"。此外，森林大火也可能使树木向大气中迅速释放大量的碳。

第三，干旱、高山地区植树造林。通过植树造林来解决土地沙漠化问题可能会适得其反。虽然某些情况下利用植树确实能从大气中捕获水分，起到防止水土流失、滋养环境的作用。但也应该看到，森林本身也需要吸收土壤中的水分，并通过叶片将水分蒸发，从而导致河流、水库及地下水位降低，加速土地沙漠化趋势。在哥斯达黎加，高山地区研究人员发现，森林并非像人们先前认为的那样，能吸收云中的湿气。反之，将森林砍掉后，当地的降雨反而增加了。

第四，植树造林与全球气候变化。大面积植树造林对气候变化的影响，效果极其有限。一是因为森林需要数十年时间才能走向"成熟"，而 CO_2 可在大气中"潜伏"数百年时间；二是因为森林虽然可以吸收温室气体，但因为森林的颜色更深，同时却比农田吸收更多来自太阳的热量，导致森林本身成为巨大的热量库。国外研究预测，即便全球所有耕地在未来50年里全部恢复为林地，造林效果只会在2081～2100年显现，而且极度有限，最多只能将全球气温拉低0.45℃。造林没有错，但如果不改变如今温室气体的排放水平，造林不是控制全球变暖的手段。

人地协调观图式练习

根据自身学习状况与特点，写出下列问题解决过程中的基本图式和拓展图式。

稀土是广泛应用于电子、新能源等未来发展重要领域的战略资源。我国稀土储量曾占世界稀土储量的85%，由于大量出口和盲目开采，目前储量只有全世界的30%，但出口量却占到了全球贸易量的90%以上。从1973年开始出口稀土初级产品，平均每吨产品创汇仅0.42万美元。同时由于稀土企业开采工艺低下，环境污染严重。专家表示，实施严格的环保标准，促使稀土资源价格逐步回归其应有价值，反映环境成本和资源约束，才有助于保护稀土资源。

（1）根据材料和图中信息，分析我国稀土在开发利用过程中存在的问题。

（2）根据上题问题和所学知识，请你对合理开发利用稀土资源提出合理化建议。

参考答案：

（1）过量开采，储量减少；不合理开发，造成土地破坏；环境污染严重；技术水平低；以初级产品为主，价格低，创汇少。

（2）加大稀土新材料研制和开发的投入；调整产业结构延长产业链，提高附加值；加大科技投入，提高资源的利用率，对资源进行深加工和综合利用；在资源生产过程中要保护好土地，对遭受破坏的土地要及时展开复垦；实施严格的环保标准，加强环保措施，防治资源开发利用中产生的环境污染；提高稀土出口价格等。

第六节　综合思维与图式教学方法应用

综合思维是一种认识地理环境整体性的思维方式和能力。地理环境是由大气圈、岩石圈、水圈、生物圈、人类圈相互作用、相互渗透形成的统一整体。地理环境的综合性特征，决定了地理学研究具有综合性的特点。在分析某个区域的人地关系问题时，先要掌握该地出现人地关系问题的证据，然后进行系统分析。弄清楚该人地关系由哪些要素组成，各要素之间是按照什么样的方式相互作用、相互联系的。综合思维作为一种思维方式，包括知识、观念、方法、智力、情感、意志、语言和习惯等，综合思维强调整体观念、时间观念和空间观念，即要素关联、发展变化和区域特征，可以概括为要素综合、时空综合和地方综合。所谓要素综合，就是指对要素的综合分析，如气候水文要素的相互关系，聚落、城市、交通、政治等多要素的相互关系。所谓时空综合是指时空之间的相关性。强调用动态的观点研究地理事物和现象，发现其发生、发展及演变的规律。地方综合是指依据地理学的区域性特点，通过对地方地理环境要素及时空变化的分析，获得人们对人地关系地域系统的地方性解释。

上述要素的综合、时空的综合和地方的综合，彼此之间并不是孤立的，而是相互联系的。培养和训练学生的综合思维能力，就是帮助学生树立多要素、多角度地分析地理事物和现象的意识，在一定程度上解释地理事物和现象发生、发展的过程，较全面地观察、分析和认识不同地方的地理环境特点，辩证地看待地理问题。

运用图式教学方法在训练综合思维能力时，首先要确定地理事物或现象的基础图式，例如，气候要素的基础图式包括气温、降水两大要素。然后结合区域特点，运用地方思维确定该地区的主要气候类型及特征，结合时空的思维，确定气温、降水要素的季节、年际变化特点。最后结合区域的特征，比如大陆性或海洋性特征，形成拓展图式。

案例：要素思维与图式教学法应用

图5-4为甲城市的气候资料，简述图示黄麻产区的气候特征（8分）。

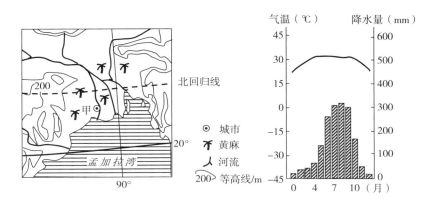

图5-4　甲城市的气候资料

第一步，回忆有关气候的基础（见图5-5）。

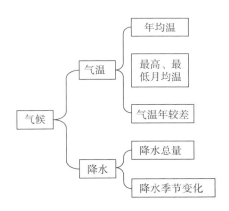

图5-5　气候基础图式（笔者自绘）

第二步，由图中信息，回忆或再现该地的热带季风气候，全年高温，分旱雨两季。

第三步，形成拓展图（见图5-6）：

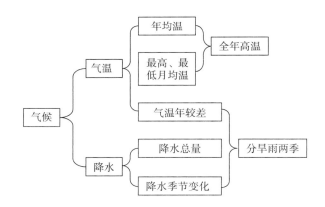

图5-6　气候拓展图（笔者自绘）

答案要点：全年高温；全年降水量大；5~10月（或者6~9月）降水较丰沛（为雨季）；11月至次年4月（10月至次年5月）降水较少（为旱季）。

综合思维训练

请结合下列图文材料，列出自己的基础图式和拓展图式。

D湖泊（图5-7中a）的湖面海拔约3800米，降水资料如图5-7中b所示。D湖沿岸地区地形平坦。发现有大量古代农耕遗迹，包括相互交织的人工堆土高台、人工水渠（图5-7中c），以及人工运河和水塘。

推测D湖沿岸地区气温的年变化、日变化特征，并简述原因。（12分）

参考知识：影响气温年较差的因素：①纬度位置：纬度位置越高，气温年较差越大。因为纬度越高，太阳辐射能的年变化越大（正午太阳高度和昼夜长短的变化）。②海陆位置：由于海陆热力性质的差异，大陆地区冬夏两季获得的热量差值要大于海洋地区，离海洋越近的地区，受海洋的影响较大，年较差较小。离海洋越远的地区，大陆性越强，年较差越大。③地形：海拔越高，年较差越小。④天气：云雨多的地区要小于云雨少的地区。⑤植被：有植被的地区要小于裸地。

参考答案：（年均温较低），年变化（年较差）较小（2分）；因为海拔高，地处热带（低纬度地区）（2分）；日变化（日较差）较大（2分）；因为海拔高，空气稀薄，白天增温快，夜晚散热快（2分）（按高度推测日最低温度可能降到0℃及以下）。

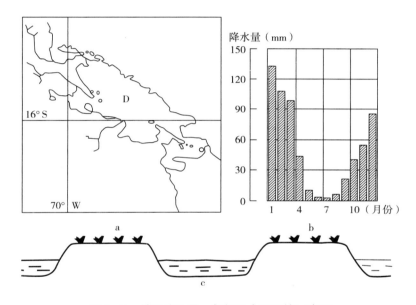

图5-7 某湖泊位置、气候及人文环境示意图

第七节 试题评讲与图式教学方法应用

地理图式就是人的地理认知结构。一个地理概念只有以图式的形式储存在头脑中，才能顺利解决问题。高考是选拔性考试，试题命制的出发点就是学生已经具备一定的基本图式，这些基本图式构成了学生地理学习的必备知识和关键能力，在遇到难题时的坚忍不拔，则是高考对学生态度价值观的考查之一。因此，

从图式的视角来看，高考重在考查学生对地理概念原理规律本质的理解水平。高考题情境设置千变万化，素材来源十分广泛，试卷的切入点，一般情况下都不是老师讲的，更不是教材上有的，但问题的落脚点始终不会脱离地理本身。考生要深信地理试题的答案要领定能在课本中找到联系。地理思维要迅速地与相应的地理概念、原理和规律接轨。现在的高考命题思想以能力立意，层次上要求比较高，但是对知识的运用，基本上还都是基础图式的应用。命题也多由"地"及"理"，将试题情境迁移到基本的地理概念、原理、规律和观点上。从图式角度分析高考试题，能够真正体现高考的导向作用。下面以高考地理试题为例做一下分析。

（2011 年广东高考文综第 41 题）石羊河流经甘肃省中部，流域内灌溉农业较发达、生态环境问题严重。根据下列材料，结合所学知识，完成（1）~（4）题。

材料一：石羊河流域示意图（见图 5-8）。

材料二：石羊河流域某采样点垂直剖面示意图（见图 5-9）。

（1）石羊河的总体流向为____。从内、外流河类型看，该河为____河，判断理由是_____。

（2）如图 5-9 所示地层，埋藏越深，距今年代越____；深度 1.6 米处是____沉积，由此可推断该地的干湿状况，距今 5000 年前后比现在____，理由是_____。

（3）该河流中下游地区的气候类型是_____，目前面临的最主要的生态环境问题是_____。

（4）为了防止该流域生态环境恶化，在农业生产中应该采取哪些措施？

参考答案：

（1）自西南流向东北（西南—东北）　内流　该河流消失在沙漠中，最终不与海洋相通。

（2）久远　湖沼　湿润　该地当时是湖泊、沼泽，现在是沙漠。

（3）温带大陆性气候　土地荒漠化。

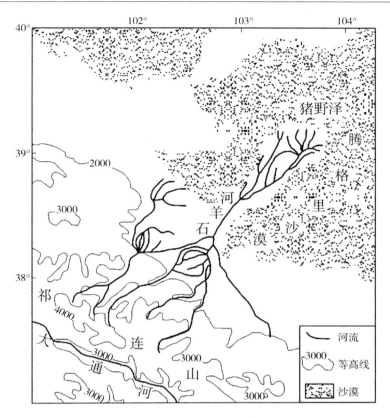

图5-8　石羊河流域示意图

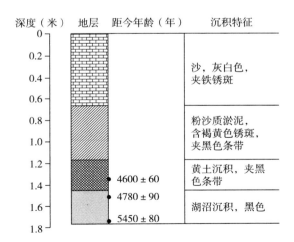

图5-9　石羊河流域某采样点垂直剖面示意图

（4）措施：提高灌溉技术，发展节水农业；加强全流域水资源协调管理，合理分配水资源；合理开采地下水；加强农田水利工程建设；因地制宜，调整农业生产结构。

图式分析：

地图是地理的工具，也是学科的特点，我们常要用地图来获取地理信息、解决问题。因此高考试题中对图形语言能力的考查就占有相当大的比例。

第（1）题、第（2）题、第（3）题结合图文材料考查了河流、地质、气候、环境问题等自然、人文地理要素，考查了地理基本的图文转换、文图转换、图图转换的基本技能，对中学教学导向明显。第（1）题，从材料一中水系的形状、祁连山和腾格里沙漠及等高线信息，可以明确看出河流大致由祁连山流向腾格里沙漠。再结合平时学到的一般河流的水系图图式，将材料一的水系图转换为一般河流的水系图，进而将图像语言转换为文字语言，知道流向的文字表达一般是"自……流向……"，即可得出答案自西南向东北。

第（2）题，由图中深度、距今年龄等信息，将材料二图形转换为学习过的"老的在下，新的在上"地层年代顺序图式，即能做出正确解答。

第（3）题，由该区域定位可知为温带大陆性气候。

有些考生一到考场就出现知识点想不到、要点答不全，归根结底是平时的基本图式掌握不够牢固，没有累积较为丰富的图式。

例如第（4）题，由第（3）题得出该地区的生态环境问题是土地荒漠化，就要求答案组织要围绕防治土地荒漠化这一中心来思考对应农业生产措施的基本图式。平时复习知道，一般措施的答题图式有工程措施、生物措施、技术措施、管理措施等。稍微加以联想，就容易拓展出提高灌溉技术、发展节水农业的技术措施；加强农田水利工程建设、合理开采地下水的工程措施；因地制宜，调整农业结构，发展耐旱农业的生物措施；加强全流域水资源协调管理，合理分配水资源的管理措施等拓展图式。或者从田纳西河流域的开发与治理、塔里木河水资源的综合开发利用等内容迁移出上述图式来。

第六章　跨学科融合背景下的大图式教学观

　　核心素养导向的地理教学是基于真实情境的。从图式理论视角上看，教学情境能够镶嵌地理图式知识，能够产生地理图式认知问题，能够设计出产生解决问题的探究任务或活动，能够促进学生通过问题式学习、探究式学习、合作学习等培育学生学科核心素养。因此，基于学科核心素养的图式教学设计，不但要达成地理学科核心素养各要素之间的教育，还要能够根据此单元的知识特点、学生的认知特点及所获得的图式资源特点，进行基于学生发展核心素养基础上的知识、技能、观念等的图式结构化教与学。同时还要能够依据普通高中地理课程的内容要求及质量标准，针对必修、选择性必修、选修三种不同层次的课程及其对应的学业质量标准水平又各划分为不同的图式认知水平层次，围绕学科核心素养的落实，依据不同学段或不同学业需求层次学生群体的不同水平要求，实施差异性图式教学策略。根据学情，合理规划图式教学内容的深度和广度，甚至实施跨学科融合教学，精选、重组教学内容，实施大概念下的图式教学方法（见图 6-1）。

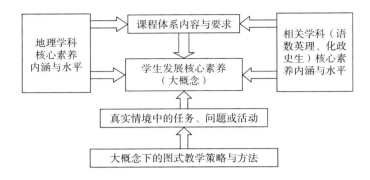

图 6 - 1 　指向核心素养大概念的图式教学方法（笔者自绘）

第一节　跨学科融合视角下的图式教学情境设计

一、科学逻辑与跨学科融合

破除学科本位思想，提倡跨学科融合教学是新课改的要求。长期以来，基于学科本位的考虑，我们常对知识会进行这样的分类：这个是地理知识，那个是数学知识，另外一个又是物理知识。培育核心素养导向下的教学，这种学科本位思想已经落伍。对各学科知识的融会贯通，更容易引起学生学习的兴趣和独立思考的积极性。跨学科整合，培育学生发展核心素养是新一轮课改的要求。作为一名地理教师只教本学科的知识，无视相关学科知识的融合，不利于学生核心素养的培养，不利于提升问题解决的能力。长期的高考文理分科，导致物理是理科、地理是文科的思想根深蒂固，这对学生的素养提升极为不利。在新高考中，天文学、地质学、水文学、气象学、遥感技术学、环境科学等专业的选择，显然既需要物理知识又需要地理知识。

地理学科具有综合性特点，地理学习以物理、数学等知识为基础。月球的同步自转、地球同步卫星、地球公转时近日点与远日点速度的差异、太阳辐射电磁波特性等与物理、数学知识直接相关联。极光、磁暴、风向偏转等很多地理现象需要用物理学原理解释。正午太阳高度角、纬度、经度等又涉及数学知识。新高考、新课程的实施，选择地理、物理作为高考科目组合的可能性将迫使我们的教学思想发生改变，不能像以前那样为刻意照顾文科学生而简化或省去相关物理、数学等的知识关联，那样不利于学生的综合思维核心素养的发展。学科之间的整合和融合更有利于学生发展核心素养的培养。

科学逻辑是学科融合的基础。例如，在学习"在水平气压梯度力、地转偏向力和摩擦力共同作用下的风向（北半球近地面）"时，因为物理还没有学到力的合成与分解，导致学生出现学习理解障碍。再比如，学习地球绕日公转轨道为椭圆轨道，太阳位于其中一个焦点之上。这里面，近日点和远日点要用到物理学的万有引力和开普勒第二定律，学生没有学过，理解就会出现困难。而对地转偏向力的解释，地理学上有很多应用。其实，地转偏向力并不是一个真正的力，而是一种惯性力。因此在新课程实施中，要有意识地开展跨学科融合教学，发展学生核心素养。

案例

若近似认为月球绕地球公转与地球绕日公转的轨道在同一平面内，且均为正圆，又知这两种转动同向，如图 6-2 所示。月相变化的周期为 29.5 天（图 6-2 是相继两次满月时，月球、地球、太阳相对位置的示意图）。求月球绕地球转一周所用的时间 T（因月球总是一面朝向地球，故 T 恰是月球自转周期）。提示：可借鉴恒星日、太阳日的解释方法。

解：月球在 M_1 位置时是满月，下一次满月在 M_2 位置，相隔 29.5 天，这过程中地球转过 θ 角，月球真正自转一周相对地球是在 $M_1{'}$ 方向上（要再转 θ 角才到满月 M_2 位置）。根据题意得知：月球转过（$2\pi + \theta$）用了 29.5 天，故转过 2π 所用的时间 $T = \dfrac{2\pi}{2\pi + \theta} \times 29.5$（天）。

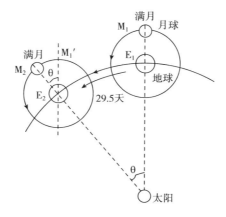

图 6 - 2　两次满月时，月球、地球、太阳的相对位置

由地球公转知：$\theta = 2\pi\dfrac{29.5}{365}$

所以，$T = \dfrac{2\pi \times 29.5}{2\pi + 2\pi\dfrac{29.5}{365}} = \dfrac{29.5}{1 + \dfrac{29.5}{365}} = 27.3$（天）

二、真实情景与跨学科融合

案例

1851 年，在法国巴黎的一座大厅里，让·傅科进行了一项有趣的实验。他在大厅顶上挂了一根 60 多米长的绳子，绳子下面系一个近 30 千克的摆锤，摆锤下方有个巨大的沙盘。当摆锤经过沙盘上方的时候，摆锤上的指针就会在沙盘上面留下运动的轨迹。

按照大家日常生活的经验，这个大摆锤应该在沙盘上面画出唯一一条轨迹。

可是，人们惊奇地发现，这个大摆锤在沙盘上每次画出的轨迹都跟原来的轨迹不一致。"原来地球真的是在转动啊"，在场的人不禁发出了这样的感慨。这个实验可以演示地球自转，被称为"傅科摆"。

因为相对于人来说，地球自转的速度缓慢，长达 60 多米的绳子，单摆周期比较长。重达28千克的铁球作为摆锤，可以减小空气阻力。在大厅里，摆线可以在任意方向运动。假如把傅科摆放置在北极点上，那么会发生什么情况呢？

问题设计：假定在北极点放置一个傅科摆，初始时摆沿90°W和90°E线（摆动如下图），3个小时以后此摆的摆动方向是（　　）。

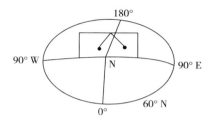

A. 沿45°E——135°W摆动　　　　B. 沿45°W——135°E摆动

C. 沿90°E——90°W摆动　　　　D. 沿0°——180°经线摆动

答案：A。解析：在北极点，地球呈递时针方向旋转；地球自转的角速度为15°/h，所以摆自西向东转过45°，所以A选项正确。

三、传说故事与情境设计

案例

一位名叫吕萨的外国商人，于某年4月10日乘飞机从太平洋的马绍尔岛飞往檀香山。上机前1小时，他去机场附近的花旗银行兑换货币时，遇到一位老太太，手里拿着一张过期（兑奖日期是4月9日）的中奖彩票，捶胸顿足，非常难过。这时，走来一位身穿笔挺西服的中年人，他"关切"地对老太太说："请不要伤心，我愿用3000美元买您这张废票（奖金为8000美元），可以吗？"老太太一愣，自忖这张废彩票反正已无任何价值，就同意了。这件事令吕萨很纳闷。

飞机起飞了，在空中飞行了一段时间，忽然耳边飘来航空小姐甜润的播音："亲爱的旅客们请注意，现在是4月9日10时4分，我们将于11时抵达美国檀香山机场……"吕萨奇怪，上机时明明是4月10日，现在怎么变成4月9日了！

难道时光可以倒流？吕萨正想回头与后排乘客对表，一瞧，咦，这不正是起飞前购买老太太过期中奖彩票的那位中年人吗？吕萨问："先生，请问，现在怎么变成4月9日了？那你刚才买的废彩票不是又有效了吗？""是的，兑换后我可以净赚5000美元。"中年人得意地笑着说。

后来，那位中年人果然拿着那张中奖彩票在檀香山花旗银行兑换了8000美元的奖金。请问这是为什么？

四、科学史与情境设计

哈雷与哈雷彗星

英国天文学家埃德蒙·哈雷的人生丰富多彩，当过船长、地图测绘员、牛津大学几何学教授、皇家制币厂副厂长、皇家天文学家，还是深海潜水钟的发明人。他写过有关磁力、潮汐和行星运行方面的权威文章，发明了气象图和运算表，提出过测量地球的年龄和地球到太阳距离的方法，甚至发明了一种把鱼类保鲜到淡季的实用方法，还写过关于鸦片效果的文章。他唯一没干过的就是发现那颗冠以他名字的彗星。他只是承认，在1682年他见到的那颗彗星，就是别人分别在1456年、1531年和1607年见过的同一颗彗星。这颗彗星直到1758年才被命名为哈雷彗星，那是在他去世大约16年之后。

1684年，哈雷博士来剑桥拜访牛顿。哈雷博士问道，要是太阳的引力与行星离太阳距离的平方成反比，行星运行的曲线会是怎样的。牛顿马上回答说，会是一个椭圆。哈雷博士问道：你是怎么知道的？牛顿在哈雷的敦促之下，花了两年时间，闭门不出、写写画画，完成了他的杰作《自然哲学的数学原理》，书中不仅从数学的角度解释了天体的轨道，而且指出了使天体运行的引力——万有引力。

地质年代表中名字的由来

1726年，詹姆斯·赫顿出生于一个富裕的苏格兰家庭。在那个爱好钻研的时代，有个问题常常困扰大家——山顶为什么经常发现古代的贝壳和其他海洋生物化石？但不善于表达的赫顿写的文章别人常常看不懂他想阐述什么。1807年，由13个人在伦敦的一家酒店成立了一个餐饮俱乐部，后来取名叫地质学会。不到十年，地质学会看起来比皇家学会不逊色多少，会员发展到400人。那时，有学问的人都会下乡去"敲石头"。比如詹姆斯·帕金森博士，对，就是那个帕金森综合征的研究者，也是重要的地质学作品《先前世界的有机残骸》的作者。

曾经人们为了岩石分类中有些岩石究竟是属于寒武纪还是属于志留纪而争论不休。为此还有一本书《泥盆纪大争论》描述了这场争论，直到1879年争论才得以解决，办法很简单，在寒武纪和志留纪之间加一个时期：奥陶纪。在地质学早期，英国人是最活跃的。所以很多地质名词是英国的名词。泥盆纪（德文纪）当然来自英格兰的德文郡。寒武纪来自罗马人对威尔士的叫法，奥陶纪和志留纪使人想起了古代的威尔士部落：奥陶人和志留人。后来才出现世界各地的名字，如侏罗纪跟法国和瑞士交界处的侏罗山有关，二叠纪使人想起俄罗斯乌拉尔山脉里的彼尔姆。白垩纪源自拉丁文"白垩"，是一位比利时地质学家命名的。原先，地质史分为第一纪、第二纪、第三纪和第四纪。后来第一纪和第二纪名字完全不用了，第三纪还在广泛使用，第四纪有的人在用。查尔斯·莱尔的《地质学原理》还使用了新的单位，叫作"世"，如更新世、渐新世等。

反映地理学如何产生和发展演变的科学史，有着丰富的地理思想、精神和方法内涵。正如德国地理学家赫特纳所说："要完全理解现在，永远只有从历史出发才有可能。"哈雷彗星、地球公转的椭圆轨道等的发现历程，可以让学生体会到哈雷博士好学、钻研的精神。在教学中进行渗透这些看似与教科书"无关"的小故事，可以提升学生的课堂学习兴趣、开阔学生视野，丰富认知图式。徐霞客、李四光、竺可桢分别在喀斯特地貌、地质力学和物候观察方面的研究及贡献，值得年轻人学习。魏格纳、赫斯和迪茨、勒皮雄、克里斯泰勒等勇于探索的精神，更是核心素养导向的必备品格。

歌德说过："科学史本身就是科学。"在地理教学中渗透科学史教育有利于学生对地理科学的整体理解。如人类在对大地构造和全球构造理论的探索方面，主要经历了下面三个阶段：

第一阶段：1912 年德国学者魏格纳提出了大陆漂移说。当时由于多数人的反对而没有被接受。20 世纪 50 年代古地磁学的研究测得各地在地质时代中的磁极位置变化多端，用大陆固定论无法解释，采用大陆漂移说则可以得到圆满的解释，大陆漂移说随之重新复活。

第二阶段：20 世纪 60 年代初美国地质学家赫斯和迪茨在古地磁学研究的基础上提出了海底扩张说，随后英国的瓦因和马修斯通过海底磁异常的研究对海底扩张说作了进一步论证，论述了地壳的产生和消亡，并得到深海钻探的验证。

第三阶段：1965 年加拿大人威尔逊建立转换断层概念，并首先指出，连绵不绝的活动带网络将地球表层划分为若干刚性板块。1968 年法国的勒皮雄、美国的麦肯齐将转换断层概念外延到球面上，定量地论述了板块运动，从而确立了板块构造学的基本原理。经过上述的梳理与补充，再结合相关教科书内容，利于学生对板块构造学的创立和发展有清晰的认识。

第二节　地理想象力培育与大图式教学观

目前，绝大多数学生的地理学习视野仅仅局限于地理教科书。而地理教科书的编制受整体课程设置、课时安排以及高考制度等的影响巨大。作为地理学习者，即使非常热爱地理的学生，也常常受到考试制度、升学压力的限制，在面对各种各样的诱惑时，屈服于现实。

中学地理教育的几十年，学生对地理教科书的依赖依旧没有太大变化。地理教师，很大程度上依赖于地理教材。众所周知，科学的基本态度之一就是疑问，科学的最基本精神之一就是批判。而教科书在编制中的种种原则和限制，虽然有利于学生比较系统地掌握地理学科的基本知识，有利于形成地理学科的基本图式，但在更大视野上看，缺乏一种基于想象力的养护与指导。因此，有必要基于想象力培育的视角，重新建构地理图式教学方法。

如果从地理想象力的视角来看地理学科核心素养，对区域认知、综合思维、人地协调观和地理实践力会有新的认知。比如区域认知，地理是研究什么的呢？有人说地理学是研究空间的。而空间究竟是人为的抽象还是物理实体呢？从物理学上讲，空间本身只是为运动提供了参照系而已。根据物理学原理，即使你对现在的事物的状态做出最完善的测量，最多也只能用语言表达这个物体在未来或过去某个时刻运动路径的概率。

再比如地理学的时间。现今的科学知识告诉我们，任何你看到的事情都是已经发生过的了。比如说你现在看到的地理书本上的字，是它们十亿分之一秒之前的样子；你所看到的山峰、平原、房屋、道路等这一切都是它们十亿分之一秒或二十亿分之一秒之前的样子。更不用说流动的空气，飘动的云彩。即使你抬头看看月亮，我们知道月地距离大约 38 万千米，你此时抬头看到的月亮，只不过是它一秒半之前的情形；太阳距离我们大约 1.5 亿千米，当你看太阳时，看到的也不过是它八分钟以前的样子；当你仰望星空的时候，看到某个恒星时，也许是几十年或者一万年以前的情形。

我们地理上的人地关系，在未来也许不会局限于大气圈、水圈、岩石圈、生物圈等地理环境，也许未来的地理环境将会包括月球、木星等。那么，地理学教给我们什么呢？我们之所以接受地理教育，获得地理学习技能，掌握地理学科的基本原理，根本上还是因为这些能帮助我们看清世界，能够帮助我们对客观事物进行重新认知，建立某种关联。

如果尝试从想象力的视角去学习地理，地理学习将会更有趣味。我们常常把学习当作一种学科或科学来看待，采取过于严肃或严谨的学习态度去学习地理，对中小学学生来讲，很多过时的地理知识会让他们觉得在学习中缺乏趣味，"八股式"地理教材会让学生失去对地理学习的进一步探究。其实，构成地理教育课程核心的是艺术，而不是技术。我们的地理教育绝不是为了某种特定工作而做准备。在变化如此迅速的时代，没人能预言什么技能是将来需要的，只有想象力才是建构我们世界的基石。之所以把想象力作为建构我们共同世界的基石，是因为想象使移情成为可能，使创造得以存在。我们知道，有些习惯性的、想当然的看法，往往会因为看了一部电影、欣赏了一幅画，听了一首歌，而发生了根本的改变。有时面对一个新的作品，就能感受到新的体验。从整体的、系统的视角去观察世界，理解人类社会与地理环境的相互作用与行为，关注地理事物发展的趋势而不是纠缠一些琐碎。比起过于关注考试成绩、学习时间长短等，让学生看到地理环境与人类生活的异质性更重要，才能听到不同的、丰富多彩的话语表达，才会努力追求更好的学习方式与更好的生活方式。

此外，地理课程虽然以地理认知的基本图式为基础，但地理图式跟物理图式、化学图式、历史图式等都具有某种关联，跟实际情景相联系，具有跨学科的综合性，或地理图式学习的整体性。教与学的本质，就是破除障碍。比如破除刻板印象的障碍、思维倦怠的障碍、超越预定义的障碍等。因此，教与学的重点是行动，而非行为。因为行动强调行动者的主动性，关注学习是如何开始的，而非学习的结果，有目的的行动就是明智的行动。人们在追求新东西的同时，都必须有意识地放弃一些东西，而这种意识必然与想象有关。地理学习也是这样，地理课堂情境是最能够激发智慧与批判意识的地方，因为地理师生双方进行的是一种基于各自生活情境的合作性探究。只有在不断探索中才能摆脱自身的不完善，而这种探索只有在与他人的沟通交流中才能实现。追求更完善生活的人，必须要具有批判性思维，必须有能力想象和希望，然后用行动战胜自己的沉默。

随着年龄的增长，人就会拥有对生活中重大打击的理性解释和缓解苦难的能力。想象是去除自我中心的一种新方式，通过想象我们可以从自我中心转向认知世界。正如医生可以想象病人的痛苦，教师如果缺乏想象，就不能理解和感受学生的立场。学生如果缺乏想象，也不能理解和感受地理学科的观点。

生命之初，我们作为具身存在被抛入这个世界，我们通过各种具身认知去感受、理解这个世界，并开启了认知世界之旅。当你讲述的时候，其实是在建立联系，创建一种模式，来理解某种意义。理解自己所阅读的东西，并使之具体化，学习它的含义，就是地理学习的意义。当我们拥有学科核心素养是一种教育的成就或一种意义时，怎样在社会、自然的关系中理解这种素养，运用这种素养，才是完全的掌握。总之，我们的知识是流动的、是历史的。我们的认知图式也是流动的、变化的。

具备地理学想象力的人，更有能力在理解更宏大的地理景观时，能够从地理各要素的综合思维、地球表层系统的区域认知过程中，更好地从人地协调观的视角思考对人类各种各样的生产生活活动与外在地理环境之间的意义。有助于从事不同职业的个体或集体，对日常的生产生活体验的某些功利性的、局部的、片面的偏颇认知或虚假认知得到矫正，并在这种理念下进一步提升个体乃至人类社会的地理实践力。这种地理想象力的第一个成果，体现地理学科的教育意义，让人们认识到我们现在生活的环境很多的特征，如广东的台风、四五月的雨季来临、房间的朝向、日出的方位、红色的土壤等，跟我们从地理学科的地理定位如亚热带季风气候区是密切相关的。我们要想知道自己的生活环境，就必须清楚所有与自己现在个体生活空间的关联。这是中学地理学科教育的第一项任务，在学习认知的过程中，则体现在不同地区人们的生活环境与生活习惯（如米食、面食）、面部特征等，这种理解具有一定的稳定性特征。无论是哪一代人、哪个年龄段，难以抗拒受到所处的地理环境的影响。

第二个成果，就是对我们的精神世界的理解，尤其是对他人精神世界的理解。如能够理解文学作品中对江汉平原人物的刻画，能够理解诸如大航海时代对澳大利亚、南美洲等的描述，比如神秘岛中的地理环境的描述。也就是说，地理学科可以帮助我们把握历史、把握人生，也把握这两者在地理环境中的关联。这是地理学的想象力的任务或承诺。

第三个成果，就是对未来的想象力。比如对目前人类实践力达不到的东西进行畅想，如红旗河、西气东输工程、水库的修建等，人类在不断按照自己的想象力绘制着世界，最终我们的地理环境就是我们人类整体思维、意识想象中的样子，控制了洪水、建立了铁路公路等道路网。在运用地理想象力时，最有收益的部分就是对环境的认知。

第三节　科幻作品与大图式教学观

科幻即"科学的幻想"，包括科幻小说、科幻影视、科幻游戏等科幻作品基于幻想艺术的形式，在现有科学经验和成果的基础上，对未来社会进行前瞻性的描述。科幻的基本特征是科学性和幻想性，因此科幻作品可以用来进行想象力的培养和科学教育。笔者在运用科幻作品培育地理想象力方面做了初步尝试，是跨学科融合教学的实践探索。地理教育的本质是激发和培育、养护师生的地理想象力，或者说地理想象力是地理教学的大概念图式范畴，建构地理想象力可以说是地理教学的大图式教学观。现将笔者运用刘慈欣科幻小说《三体》中的科幻素材进行地理想象力培育的拙作奉献给大家，抛砖引玉。

案例：运用《三体》科幻素材，培育地理想象力

1. 基于 PBL 的科幻阅读

【案例1】下列材料摘自刘慈欣科幻小说《三体3：死神永生》，读材料回答问题。

"尽量近一些，带有行星，最好是类地行星。"云天明看着星图说。"它有多远？""距太阳系 286.5 光年。"

"知道北斗七星吧，沿那个四边形的一条对角线看，就是那个方向，有三颗星构成了一个很钝的三角，从那个钝角的顶点向底边做垂线，向下延伸，就我指的那个方向，看到了吗？你的星星，你送她的星星。"云天明指认了两颗星，何博士都说不是，"是在它们中间偏南一点，那颗星的星等是 5.5，一般只有受过训练的观察者才能看到。不过，今天天气很好，你应该能看到。告诉你一个方法：不要正眼盯着那里，把视线移开些用眼角看，眼角对弱光的感受力更灵敏些。找到后再正眼看……"

在何博士的帮助下，云天明终于看到了 DX3906，很暗的一个点，似有似无，稍一疏忽就会从视野中丢失。一般人都认为星星是银色的，其实仔细观察会发现它们各自有不同的颜色。DX3906 呈一种暗红色。何博士告诉他，那颗星只是在这个时节才处于这个位置，等会儿他会给云天明一份在不同季节观察 DX3906 的详细资料。

问题 1：请你简要说出这些名词的含义：类地行星、光年、天文单位、星等、北斗七星。

问题 2：你能用手机 APP Stellarium 天文软件找出云天明送给程心的那颗星星吗？

问题 3："何博士告诉他，那颗星只是在这个时节才处于这个位置。"你是怎样理解这句话的？

【案例 2】下列材料摘自刘慈欣科幻小说《三体 3：死神永生》，阅读材料，回答问题。

"大王！大王！"一名大臣从洞里跌跌撞撞跑进来，带着哭腔喊道，"天上，天上有三颗飞星！"……

"这意味着漫长的严寒岁月，冷得能把石头冻成粉末。"周文王长叹一声，说……十天后，雪仍在下着，但雪片大而厚重，像是凝结的黑暗。有人在汪淼耳边低声说："这是在下二氧化碳干冰了。"汪淼扭头一看，是周文王的追随者。又过了十天，雪还在下，但雪花已变得薄而透明，在金字塔洞门透出的火炬的微光中呈现一种超脱的淡蓝色，像无数飞舞的云母片。

这雪花已经是凝固的氧、氮了，大气层正在绝对零度中消失。金字塔被雪埋了起来。最下层是水的雪，中层是干冰的雪，上层是固态氧、氮的雪。夜空变得异常晴朗，群星像是一片银色的火焰，一行字在星空的背景上出现：这一夜持续了 48 年，第 137 号文明在严寒中毁灭了。该文明进化至战国层次。

问题 1：你是怎样理解"最下层是水的雪，中层是干冰的雪，上层是固态氧、氮的雪"这句话的？

问题 2：为什么说"天上有三颗飞星"意味着有漫长的严寒岁月，冷得能把石头冻成粉末？

问题3：请用地理原理解释，为什么此时"夜空变得异常晴朗"？

提供给学生与高中地理课程内容结合紧密、具有吸引力的科幻作品阅读材料，在每一个科幻素材后面设置了一系列问题，让学生们带着问题去深入思考故事中各种观点的联系。这种基于项目导向教学模式（Project Based Learning，PBL）的阅读，是将科幻作品转换为科幻课程的重要路径。同时，科幻素材还可以帮助师生营造更好的学习氛围，构建形式新颖、气氛愉悦的学习环境。基于PBL的科幻素材阅读相比如教科书枯燥无味的陈述性表达，更能激发学生进一步思考和探究。

2. 利用科幻素材，开展主题研讨

【案例3】 根据下列材料，开展主题研讨。

材料1："青铜时代号"立刻返航。这时，它位于距太阳2300个天文单位的太空中。早已越过柯伊伯带，但距奥尔特星云还十分遥远。

材料2：假设把一个天文单位缩小为1厘米。那么其他行星距离太阳大致上可以换算为：水星0.4厘米、金星0.7厘米、地球1厘米、火星1.5厘米、木星5厘米、土星9.6厘米、天王星19厘米、海王星30厘米、冥王星40厘米、柯伊伯带30～50厘米、奥尔特星云50000～100000厘米。

材料3：每组分发A3纸一张（已知A3纸尺寸为420毫米×297毫米），彩笔一支。

研讨主题：请同学们以小组为单位，以纸张一边为太阳，在纸上画出上述天体的位置。如果不够画，请以校园内的标志性建筑为参照物，大致估计出天体所在的位置。

学生研讨发现如果要画完整个太阳系，至少需要500米长的纸。学生不禁感慨太阳系之大、之空旷，超出我们的想象。地理教材中的太阳系示意图，只不过是为了教学需要，进行了艺术处理。同样，对于银河系也可以开展这类想象。在银河系中，存在2000亿～3000亿颗恒星。银河系像一个银盘，最大直径有10万光年，银河系的中心厚度有1.2万光年。我们的太阳位于银河系的一个小旋臂猎户臂上，从太阳到银心的距离也有2.6万光年。打个比方，如果把银河系比作撒哈拉沙漠，太阳就像撒哈拉沙漠中的一粒沙子。光从银河系一端走到另一端的时间，相当于人类祖先非洲智人也从非洲走出，一直走到今天。

【案例4】根据下列材料，开展主题研讨。

材料1：灾难发生时，三体行星正处于一个稳定的恒纪元中，围绕着三星中的一颗恒星运行，轨道半径约0.6个天文单位。恒星被光粒击中后，光球层和对流层上被击出一个巨大的裂孔。孔的直径达50000千米，可以并排放下4个地球。不知是偶然还是攻击者有意为之，光粒击中恒星的位置正在行星运行的黄道面上。从三体行星上看，那个太阳的表面出现了一个光度极强的亮斑，它像熔炉的大门，太阳深处的强辐射通过裂孔，穿透光球层、对流层和色球层，直接照射到行星上。暴露在光斑下的那个半球之上，处于室外的生命在几秒钟内就被烤焦。接着，恒星内部的物质从裂孔喷涌而出，形成了一股50000千米粗的烈焰喷泉。喷出的太阳物质温度高达千万度，一部分在引力的作用下落回太阳表面，一部分则达到了逃逸速度，直冲太空。从行星上看去，太阳表面仿佛长出了一棵灿烂的火树。约4个小时后，喷出物质穿过0.6个天文单位的距离，火树的树顶与行星轨道相交。又过了2小时，运行中的行星接触了火树的树梢，然后在喷出物质中运行了30分钟。这段时间，行星等于是在太阳内部运行。喷出物质经过太空的冷却后仍有几万摄氏度的高温。当行星移出喷出物质带后，它已经是一个发出暗红色光芒的天体。表面均被烧熔，岩浆的海洋覆盖了一切。行星的后面拖着一道白色的尾迹，那是被蒸发的海洋的水蒸气；而后尾迹被太阳风吹散，行星变成了一颗披着白色长发的彗星。这时，行星表面已经没有生命。三体世界已经毁灭，但灾难的引信才刚刚点燃。

材料2：苏梅克—列维9号彗星于格林尼治标准时间1994年7月16日20时15分开始以每小时21万千米的速度陆续坠入木星大气层，撞向木星的南半球，形成了彗木相撞的天文奇观。这是人们能首次直接观测太阳系的天体撞击事件。

研讨主题：在电影《流浪地球》中如果地球不幸坠入木星的洛希极限会怎样？

事实上，如果地球不幸坠入木星的洛希极限，地球坠入木星的惨烈程度绝不会次于三体星。由于受三颗太阳的互相影响，反而在一定程度上拯救了三体星，只被撕成两半没被彻底撕碎。而如果地球坠入木星的洛希极限，将像苏梅克—列维 9 号彗星一样，被木星强大的潮汐力彻底撕碎。一部分物质直接坠入木星，另一部分还没来得及冷却的岩浆和碎块，则被木星巨大的动能甩向木星星环，形成壮烈的岩浆带。走过 46 亿年岁月并曾孕育出伟大生命与文明的地球，将因此彻底走向终结，变身成宇宙中无数粒普通的尘埃，散落在木星这个恐怖巨怪的气团中。

苏梅克—列维 9 号彗星撞木星这个天文奇观，凸显了木星为内太阳系扮演着"太空吸尘机"的角色。研究指出木星的强大引力可吸掉不少彗星和小行星，木星发生彗星撞击的概率是地球的 2000 ~ 8000 倍。支持"陨石撞击说"的科学家认为，距今 6500 万年前的恐龙灭绝事件，就是因为天体撞击而造成的，并形成了位于墨西哥境内的希克苏鲁伯陨石坑。说明了一旦地球发生这样的天体撞击，造成的后果是灾难性的。而如果没有木星这部"太空吸尘器"，这些小型天体撞击地球的机会也会随之增加，使地球出现生物灭绝的次数将会更多，在这样的地理环境下，地球或会难以孕育出复杂的生命。

3. 结合地理知识，尝试科幻写作

【科幻写作 1】地球总是斜着"身子"绕日公转。因此，地轴与黄道之间并不垂直，而是有一个约为 66°34′ 的夹角。这样就使黄道面与赤道面之间产生了 23°26′ 的夹角，即黄赤交角。黄赤交角的存在，带来了正午太阳高度和昼夜长短的季节变化，进而产生了四季的更替。而季节更替又影响到地理环境的变化和生产生活方式的适应。假如天文学家预测黄赤交角将变为 0°。请你参照凡尔纳、刘慈欣等科幻作家的写作手法，写一篇科幻故事。

【科幻写作 2】2019 年 4 月 10 日晚，事件视界望远镜（Event Horizon Tele-scope，EHT）项目组公布了史上首张黑洞照片，即距离我们 5500 万光年的 M87 星系中心的黑洞照片。假设此时程心和关一帆乘坐的穿梭机正以低光速在黑洞吸积盘外侧飞行。为了逃离黑域，在神经元计算机帮助下，他们启动了反物质发动机，费了近半小时才摆脱了这个 M87 黑洞。假如你是程心，请描述你的所见所思。

作为教师，要具备评估和辨别科幻电影、科幻小说中的科学知识和观点的能力。有意识地引导学生利用科幻作品提升地理想象力、综合思维、描述技巧以及问题解决能力。想办法促进学生将科幻作品与真实世界的情景关联，与学科知识进行关联，鼓励学生深入探究和树立科学意识。有人说，中国有多少武侠，美国就有多少科幻。我们地理教学习惯于讲授和刷题，很少有通过科幻写作来培养和开发作为创新基础能力的想象力。华东师范大学钟启泉教授说：应试教育背景下的知识点教学简直是反动的。要求学生思考并探究一项基于他们自己发现的地理原理或地理现象所带来的影响及后果，进行合理科幻创作，激发他们的审视、分析和批判性思维的能力。将科幻教育融入科学教育之中，使之成为一种有价值的学习资源和教育教学的载体，是地理教育工作者的责任。这样的"科学＋幻想"素材，只要用心，在地理教学中还有很多。比如地球本身自转是有动能的，可以利用这个发电吗？我们辨别方位离不开太阳、月亮、星星、树木年轮、建筑物等各种参照物，而如果到了太空，这些参照物要么消失，要么变形。《三体》中人类为了迎战三体舰队，组建了太空舰队。请问人类太空舰队是如何辨别方位的？太空旅行中，没有太阳的升降，也没有四季的更替。人们将会失去对时间的感知，从而影响宇航员的精神状态。怎样帮助他们？等等，都可以作为科幻创作的资源或素材。

基于地理想象力培育的教学反思

无论是对云天明送给程心的那颗星星的辨识，还是三体星"飞星在天"环境下大气状态的变化；无论是人类太空舰队上对方位的辨别、太空旅行生存环境的变化，还是彗木相撞的天文奇观引发的思考；无论是未来人类不再通过农业生产，而是通过人工合成方式获取食物，还是人类的居住地像"智子"一样住在"树上"，刘慈欣《三体》科幻小说超凡的想象力，对我们地理师生产生了强烈震撼。有必要从想象力培育的视角对地理教学进行反思。

1. 归纳法的学习思维值得商榷

我们地理教学过于拘泥于教科书，甚至地理思维都有点"八股"的味道。

很多老师也都习惯于从历年的中高考地理题中试图归纳出某些必考的规律来，并乐此不疲。归纳答题模板、教授答题套路已经成为地理教学的常态。究其原因，是因为我们对地理教育本质属性理解不够，命题教师、一线教师的地理想象力亟待提高。休谟认为，经验中只存在前后相继的关系，而不存在因果关系或必然关系。归纳法并不能保证过去的经验重复在今后一定会继续重复。当代哲学家波普尔认为，这个世界上并不存在终极真理。正如板块构造学说只是一种学说一样，宇宙"大爆炸理论"也只是一种假说。地理教学要敢于质疑，敢于想象。例如在高考备考中，不少老师总把光照强、昼夜温差大，农作物品质好，作为一种必然的因果关系，甚至作为一种归纳出来的"规律"让学生去记忆、背诵。其实光照强、昼夜温差大、土壤、灌溉水源等只不过提高了水果好吃的概率而已。如果长期将这种由于题海战术总结而来的"因果关系"当作"规律"去传授，显然对学生地理想象力的培育是不利的。再如，2017 年高考（全国卷Ⅰ）文科综合第 2 题答案为"D. 行政管辖不同"，很多一线地理教师认为此题没有地理味，无非是觉得没法从我们地理学科"专业"知识或经验中推导出来而已。从培育想象力的高度上看，我们的地理教学过于学科化、专业化，地理思维过于重视归纳法应用。

2. 地理教学可以更科幻一些

作为基础教育的中学地理教育，应比其他学科更加具有想象力才对。对我们的地理环境多一些对未来的、充满想象力的描述，而不是把前人的假说当作绝对真理教给学生。例如，我们知道影响蒸发快慢的因素有温度、湿度、液体的表面积、液体表面的空气流动等。"蒸发"除了表示一种物理现象外，由其本义通过联想将失踪、出走等也称为"蒸发"。假如我们将液态水看成某种"空间"，当水被烧开了，有很多水汽上升，同时有很多气泡沸腾。由于气泡内含有水汽，密度比液态水小，所以不断上升。如果让水不断沸腾下去，水全部蒸发。换句话说，如果我们将液态水看成某种"空间"，最后这个空间没了。只剩下飞走的水汽，但水汽不是我们定义的"空间"。再如，地理学上讲的时间往往跟何时播种、何时收获等有关。古人根据自然现象的周期性，制定出了历法。地球自转周期、公转周期本质也是时间。当我们在学习这些知识的时候，也就意味着我们默认时间是均匀流逝的。大爆炸宇宙学告诉我们时间有个开头。也就是说，我们的宇宙开始于 138 亿年前，在这之前谈时间是没有意义的。按照爱因斯坦的广义相对论，时间在物理学中具有非实在性。麦哲伦船队环球航行丢失了 1 天的例子众所周知：1519 年 9 月 20 日，船队从西班牙出发，向西航行。1522 年 9 月 6 日回到西班牙，完成了人类首次环球航行。当船队回到大西洋佛得角时，航海日志上是 7 月 9 日星期四，而当地岛民坚持说是 7 月 10 日星期五。地理解释是这样的：向西航行，追赶日落，昼夜增长，一天延长。教学中完全可以用科幻方式对此进行想象力培育。

3. 地理教育应着眼于想象力的养护

全球化时代，面向未来的地理想象力教育应着眼于能否提升学生对宏观事物的理解，能否明晰所处地理环境之于整体的位置，以及能否给予地理事物从微观到宏观的多维建构过程。在《三体》等科幻作品勾画出的人类生活的太空时代，"地理环境"的内涵显然不再局限于地球上的大气圈、水圈、岩石圈、生物圈，而是延伸至太阳系及银河系。借助科幻作品，可以提升个体对宏观"地理环境"的理解，突破地理课程认知形成的思维定式。我们的地理高考命题专家，应该从培育未来社会所需要的人才角度，命制出更具有想象力的试题，发挥高考"指挥棒"在提升地理想象力方面的作用。新一轮课程改革下的地理教材，也应有提升地理想象力的意识和体现。世界上很多先进的技术和产品如互联网技术、手机等，都是从人们的幻想开始，然后才慢慢地创造出来的。只有想象参与了，思考才会发生。

作为地理教师，应充分利用科幻课程资源，采用基于 PBL 的科幻阅读、主题研讨、科幻写作等手段或方法，引导学生大胆质疑、思辨甚至幻想。须知质疑和思辨是创新思维的源泉，更是一个人核心素养的具体表现。只有不断造就一批又一批用想象力点燃地理知识的师生队伍，地理教育才会有不断的热情、渴望和生机。

（笔者论文，发表于《中学地理教学参考》（上半月）2019 年第 6 期）

参考文献

［1］［德］希尔伯特·迈尔．课堂教学方法（理论篇）［M］．尤岚岚，余茜译．上海：华东师范大学出版社，2010.

［2］邓晶．"世界区域地理——中亚"说课设计［J］．地理教育，2017（）：19－20.

［3］傅道春．新课程中教师行为的变化［M］．北京：首都师范大学出版社，2001.

［4］黄京鸿．图式理论与地理教学［J］．西南师范大学学报（自然科学版），2002（27）：123－126.

［5］焦秋生．地理学习的理论与方法［M］．北京：北京师范大学出版社，2016.

［6］李金国．纲要信号图式教学在地理课堂中的运用［J］．地理教学，2013（10）：32－34.

［7］李淼．《三体》中的物理学［M］．成都：四川科学技术出版社，2015.

［8］厉文丽．基于马登现象图式理论的中学地理变式教学设计［D］．济南：山东师范大学硕士学位论文，2017.

［9］林元龙．地理"图式－知识可视化"的哲学解读及教与学策略［J］．地理教学，2013（1－2）：11－12.

［10］刘慈欣．三体 3 – 死神永生［M］．重庆：重庆出版社，2016.

［11］刘丽．大卫·哈维的思想原像［M］．北京：人民出版社，2018.

［12］卢少夫，林芝．图形语言［M］．上海：上海人民美术出版社，2009.

［13］［美］C. 赖特·米尔斯．社会学的想象力［M］．李康译．北京：北京师范大学出版集团，2017.

［14］［美］Donald R. Cruickshank 等．教学行为指导［M］．时绮等译．北京：中国轻工业出版社，2003.

［15］［美］R. M. 加涅．学习的条件和教学论［M］．皮连生等译．上海：华东师范大学出版社，1999.

［16］［美］R. M. 加涅等．教学设计原理［M］．皮连生，庞维国等译．上海：华东师范大学出版社，1999.

［17］［美］比尔·布莱森．万物简史［M］．严维明，陈邑译．北京：接力出版社，2005.

［18］［美］加里·D. 鲍里奇．有效教学方法［M］．易东平译．南京：江苏教育出版社，2002.

［19］［美］洛林·W. 安德森等．布卢姆教育目标分类学（修订版）［M］．蒋小平等译．北京：外语教学与研究出版社，2009.

［20］［美］玛克辛·格林．释放想象：教育、艺术与社会变革［M］．郭芳译．北京：北京师范大学出版集团，2017.

［21］［美］奈尔·诺丁斯．教育哲学［M］．许立新译．北京：北京师范大学出版社，2017.

［22］［美］欧文·戈夫曼．日常生活的自我呈现［M］．冯钢译．北京：北京大学出版社，2008.

［23］［美］帕蒂·博恩·塞利．儿童自然体验活动指南［M］．肖凤秋，尚涵予译，张大治，霍雨佳审校．北京：教育科学出版社，2017.

［24］［美］威廉·赫德·克伯屈．教学方法原理［M］．王建新译，杨爱程，黄学溥校．北京：人民教育出版社，2016.

［25］［美］西恩·贝洛克．具身认知：身体如何影响思维和行动［M］．李盼译．北京：机械工业出版社，2016．

［26］马力仲．图式理论与中学数学教学［M］．成都：四川大学出版社，2015．

［27］曲忠厚，胡良民．地理"三板"理论与实践［M］．开封：河南大学出版社，2000．

［28］［瑞士］皮亚杰．结构主义［M］．倪连生，王琳译．上海：商务印书馆，1984．

［29］［瑞士］皮亚杰．皮亚杰教育论著选［M］．卢濬选译．北京：人民教育出版社，2015．

［30］任永泽．教育知识的性质研究［M］．北京：北京大学出版社，2019．

［31］施良方，崔允漷．教学理论：课堂教学的原理、策略与研究［M］．上海：华东师范大学出版社，1999．

［32］孙东山．图式在中学地理教学中的价值——基于哲学之思［J］．地理教学，2018（5）：4－8．

［33］韦志榕，朱翔．普通高中地理课程标准（2017年版）解读［M］．北京：高等教育出版社，2018．

［34］吴国平．课程中的儿童哲学［M］．上海：上海教育出版社，2018．

［35］［英］大卫·朗伯等．地理教学法［M］．刘桂侠等译．重庆：重庆大学出版社，2015．

［36］杨思窍．基于地理问题解决的图式教学［J］．地理教学，2013（14）：30．

［37］余文森．核心素养导向的课堂教学［M］．上海：上海教育出版社，2017．

［38］袁孝亭．区域认知及其培养重点解析［J］．地理教育，2017（1）：4－6．

［39］张建春．CPFS结构与地理教学［J］．教育研究与评论（中学教育教

学），2018（6）：73－76.

　　［40］张媛，蔡明．教学方法研究［M］．开封：河南大学出版社，2001.

　　［41］郑金洲．教学方法应用指导［M］．上海：华东师范大学出版社，2006.

　　［42］中华人民共和国教育部．普通高中地理课程标准［M］．北京：人民教育出版社，2018.

后　记

　　新一轮课程改革的实施，最终落在一线教师的教学方式转变及由此带动的学生学习方式转变上。站在改革实践前沿的一线教师，基于核心素养导向的教学方法研究迫在眉睫。寻求一种教学方法，让学生形成高中地理学科核心素养的路径更加有效，是高中地理图式教学方法再研究的实践价值和意义所在。

　　笔者从事高中地理教学 30 余年，长期致力于高中地理图式教学方法实践研究，曾撰写过 20 多篇图式教学方法研究的论文。2018 年 7 月出版了 21.7 万字的《高中地理图式教学》专著。在该书中，针对高中地理学科知识建构等问题，应用思维导图等工具进行可视化表达。《高中地理图式教学》主要是基于实践层面的研究，随着新一轮课程改革的实施，感觉与核心素养导向的地理教学理念有一定偏差。

　　近几年来，笔者承担了龙岗区新任教师教学方法提炼的培训与考核任务，主持了广东省教育科学"十三五"规划 2019 年度中小学教师教育科研能力提升计划项目（强师工程）"核心素养导向的高中地理图式教学方法再研究"（课题编号：2019YQJK125）及龙岗区教育科学"十三五"规划课题"高中'地理＋科幻'校本课程开发行动研究"（课题编号：2019103）的课题研究。对图式教学方法的理论进行了再探究，对从"双基"理念到"三维目标"指向的图式教学方法进行了回顾与总结，并对核心素养导向的图式教学方法进行了实践探索。因此，《高中地理图式教学方法探究》侧重于理论探索和实践研究，是《高中地理图式教学》的姊妹著作。因水平有限，多有不足，欢迎各位专家同行批评指正！

感谢经济管理出版社工作人员的辛勤付出！感谢家人的理解包容！感谢课题组老师的支持！感谢本人所在单位深圳市龙城高级中学及支教单位广西靖西市民族高中诸位领导及同事的支持。本书借鉴了诸多学者、专家的观点、看法，在此一并致谢！

罗明军

2020 年 2 月 28 日